任性出版

爸媽不苦惱的孩子交友問題

邊緣人、被帶壞、遭排擠、太被動……
小學老師現場直擊，
孩子不告訴你的人際困擾，
家長該介入多少？

首爾小學教師、首爾教育大學碩士
柳潤煥——著　郭佳樺——譯

초등 내 아이,
친구관계 고민상담소

目錄

CHAPTER 2

CHAPTER 3

這些問題，家長該介入多少？ 155

CHAPTER 4

這種時期，人際關係就是一切 209

推薦序一

給想關心孩子，又不想過度涉入的父母們

臨床心理師、米露谷心理治療所所長／駱郁芬

你的孩子正準備上小學，或是正在念小學嗎？你是否也覺得，小學生的家長可真是不好當？孩子上了小學，人際關係一下子變得複雜起來。班上的同學增加了、老師減少了、課程變多了、學校的活動和要求也更為複雜。更重要的是，孩子長大了。

進了小學的孩子，思考能力進步了，意味著他們在看事情時，會有更多自己的想法、考量，與人互動時，關係也會更加深刻且複雜。孩童也會開始練習獨立，有些小朋友想自己上下課、覺得大人的叮嚀和關切很煩，或是想保有與同儕

間的祕密，不讓大人知道。

在這樣的狀況下，**爸媽想要關心孩子、抱持與小朋友的緊密連結，但又不希望過度涉入，阻礙他們探索世界、自由發展**，這中間的煩惱實在好多。

在我擔任臨床心理師的十多年來，陪伴過許多小學生與他們的爸爸、媽媽，可以發現無論是對大人還是孩子來說，人際關係上的問題，都是很普遍的困擾。

這是因為隨著一個人的年齡漸增，對社會的參與自然會跟著增加，所處的團體也是日益增長，從嬰兒期的父母、幼兒期的家族，一直到幼兒園、小學（加上社團、安親班）……接觸的人數和互動複雜度都跟著上升，可能出現的問題和困擾自然逐步增加。

但你知道嗎？即使是大孩子的人際互動困擾，無論是與人相處時退縮、緊張，還是過於強勢、愛比較、不太會交朋友、愛告狀，甚至是霸凌議題，很多時候其實反映了過往培養的基礎能力中尚有不足，還是必須回到家庭中處理，而作為父母的我們，也有很多可以幫忙孩子的地方！

我在過去幾年中致力推廣的正向教養和社交情緒學習（Social Emotional

Learning，簡稱SEL），也都是在回應這樣的情形。這兩個取向，都強調需要從最根本的情緒理解開始，才能慢慢推及與他人的相處，此外，也都強調穩固而具支持性的親子關係。

本書與我一直以來的理念不謀而合，作者不愧是經驗豐富的小學老師，對於班級現場會出現的互動問題信手拈來。但是**這本書不是只有告訴家長該怎麼做，而是先解析了「孩子在想什麼」**，好讓大人理解。

我最喜歡每個小節提供的「孩子的真心話」，這讓大人可以理解，為什麼作者後面會建議我們這樣引導孩子，原來是因為孩童遇到的困境背後，有這樣的心思，希望能被我們看見。舉例來說，第十八小節（見第一二八頁）談到孩子被同學欺負的議題，而作者這樣「翻譯」孩子的心思：

孩子的真心話：

裝作什麼事都沒有，實在很難受。我不知道爸媽究竟是知道、還是不知道，或者是知情卻裝作沒事。我覺得好像沒有人站在我這邊，到哪我都是一個人。我真的很想倚靠某個人，真希望誰能站在我這邊、幫助我，但也怕事情變得更大，所以我什麼也沒做。

當我們理解了孩子內心的想法，就能夠更踏實的採取行動、貼近孩子的需求，進而協助他們。在這個過程中展現出對孩子的理解，正是促成改變的關鍵。

總的來說，本書最大的特色在於：

＊解析孩子的真心話，幫助大人理解困境背後的內心話。

＊小學老師親身解析，提供互動現場最深刻的觀察。

＊理性而直白的建議，字字珠璣，給家長最直接的指引。

若你的孩子即將讀小學，又或者正在小學就讀，這是一本能讓我們更了解小學教室中真切樣貌的好書。無論你的小朋友是否正遭遇人際互動上的困境，我都想推薦給你。

推薦序二

幫助小朋友前，先處理爸媽的焦慮

親職教育推廣人／陳其正（醜爸）

你也許和我一樣，生性安靜、慢熱，看著外向熱情的同學無論上、下課都匆匆忙忙，好生羨慕。然而，長大後才知道，那些「吃香」的同學也不是真的那麼香，朋友多，困擾多，他們反倒羨慕起我們量少質精的交友策略。看來，人際關係這一道題，眾生想輕巧略過不惹塵埃，是萬萬沒法度了！

本書作者柳潤煥開宗明義，父母最操心的孩子三大課題：交友、生活、課業，尤以交友為最，因為不但連動其他兩者，孩子在校的人際關係，父母也鞭長莫及。如此重要卻又難以參與的人生大事，父母容易出現以下兩種截然不同的症頭：

1. **這種事沒什麼大不了，長大就習慣了**：無論小時候交友順不順利，父母以「現在我不是好好的」為理由而看淡孩子的人際壓力，這樣子安慰孩子，並說服自己別大驚小怪，長大就沒事了！

2. **我的孩子會不會被霸凌？是不是很孤單？有沒有被討厭？**父母可能兒時也遇到交友上的問題，或是被社會新聞、身邊的親友案例影響，積極參與孩子的人際關係，但過度熱心卻可能造成孩子壓力山大。

柳老師基於豐富的教學與家長訪談經驗，明白孩子在班上的真實狀況，也深知家長常常錯過的盲點。他鼓勵家長參與孩子的人際關係，畢竟孩子會把在學校遇到的難題帶回家裡「發酵」，但更重要的是，父母必須更理解孩子，並學習更適當的陪伴與溝通方法。

我也常被父母問到，該如何陪伴孩子度過交友難關，但由於難題五花八門，囿於經驗有限，有時只能從大方向回應，為父母增能。

相較之下，作者身處教學現場，用心經營與孩子與家長的關係，長期認真記錄、撰文發表，在書中收錄了五十二種情境，範圍觸及幼兒園至青少年！像是「手勾手走一起，代表我們感情好呀」、「同學嫌我碎唸，但我只想告訴他更好的方法呀」，都非常生活化，也是許多家長正在傷腦筋的難題。

在育兒路上，圍繞孩子的困擾與疑惑百百種，父母若有一本書可讓我們在疑慮來訪時，輕鬆看見豐富經驗老師的提醒與鼓勵，想必能多點坦然，面對孩子時也會更有自信。**倘若我們無法先處理好自己的焦慮，孩子反而容易成為「幫手」，為我們承擔並非他們責任的壓力**。我希望這本書，也能成為你日常生活中的諮詢好幫手。

前言
孩子的交友難題，比大人更辛苦

在學校，通常一年會有兩次和家長的面談期間，面談大致會分成三個部分——課業、交友和生活。這三個都是很重要、也很困難的課題，而在這三者中，交友關係尤其棘手。

功課或生活上的習慣，只要好好教、好好勸導，大部分都可以解決，但**交友關係就不太一樣了，因為涉及的不只是自己的孩子，所以無法隨心所欲的掌控狀況，也很難從中介入**。無論是哪段關係，都既複雜又奇妙，必須謹慎面對。

在面談前，我會把平常在日誌上記錄下來的內容，按照不同主題類別整理，預先擬出一個大綱，不過有時候才剛談完交友關係，面談時間就到了。沒錯，交友關係就是如此棘手。那麼，孩子的交友關係，對於父母、孩子和教師，又分別代表了什麼意義？

對父母而言，孩子的交友關係是很大的煩惱。無論是什麼樣的父母，看到孩童為交友關係所困擾，都會陷入深深的擔憂之中。就算家長本身是教師，已經替許多孩子和家長諮商幾十年，但如果自己的孩子為人際關係所苦，他們也會感到心疼、不知該如何是好。

為什麼大家碰到孩子的交友關係問題，就變得束手無策？第一，是**因為孩子不太會說出真心話**，尤其是升上高年級之後，很多父母想得知孩子在學校的消息，唯一的管道只剩老師。

第二，是交友問題無法順利解決，**一介入孩童間的糾紛，就有可能演變成家長之間的爭執**。如果想讓子女自行解決，子女可能反過來覺得父母對自己不聞不問；相反的，家長如果主動說要幫忙，孩子也可能認為不需要大人介入。又或者，如果太急著給予建議，反倒害孩子失去在關係中學習和成長的機會。所以，面對交友關係這塊領域時，任誰都會小心翼翼。

孩子是當事人，心情肯定最為難受。小學是意識到同儕重要性的時期，對小學生來說，這些同儕就是他們的全世界；他們可能因為某些同學而不想去上學，也會因為朋友而享受愉快的校園生活，每天都迫不及待的前往學校。

此外，他們也會擔心被疏遠、害怕自己不屬於任何小團體，為了不被排擠，也會勉強自己做出某些行為。兒童會因為不知道自己會坐在誰旁邊、和誰同一組而緊張。到了學期末，之後會和誰分到同一班，比成績單還令人期待。他們因為朋友而感到憂鬱或幸福，友情也是孩子最主要的話題，卻可能無法輕易向父母開口，所以自己深陷於煩惱之中。

對老師而言，我們最常注意孩子們的交友關係。在教室裡看著孩子之間的互動，心中常常產生許多複雜的想法和情感。如果看到他們彼此和氣融融，就覺得孩子果然很單純，不禁露出微笑，想著：「當老師真是當對了！這幅景象就是當老師的滋味啊！」

可是，若看到昨日的朋友變成今天的冤家，或曾經被排擠的孩子也一樣去排擠別人時，也讓我吃驚又害怕。**校園和教室就是一個小型社會**，不，有時候我甚至覺得**比大人的社會還要辛苦，因為孩子們是第一次碰到這樣的難題。**

如果老師沒有確實了解學生之間的關係，無法掌握學生碰到的交友問題，那可就糟糕了。受傷的孩子會一直受傷，造成傷害的孩子不會反省自己做錯的地方，也沒有挽回的機會，此外，也會造成上課氣氛低落，班級狀況雜亂無章。

教育的主體是家長、學生和老師，對於我們而言，交友關係是個重要課題，所以我總是會隨時記錄。如果因為孩子的交友問題而煩惱，不知道該怎麼做才好時，我會去找參考資料，也會問其他老師的意見，因為每位家長和孩子煩惱的問題和情況都不一樣。

簡單一句「最近因為孩子的交友關係而感到困擾」，其實背後代表的狀況都不一樣，可能是數萬種不同情境，而**我在本書中，選出五十二種最常見的情境**。

我開始寫這本書的動機，是希望能幫助為子女交友問題而煩惱的家長，不過，我自己在任教期間也不斷碰到這樣的問題，所以這也算是一本寫給我自己的參考書。

小時候，我也曾經拒絕上學過。因為朋友的關係而感到難受，根本不想去學校。明明知道會被家人罵，但對當時的我而言，交友關係的困擾更甚於被斥責的痛苦，所以我逃課了。為了減少自己的罪惡感和不安，我在爸媽都去上班、家裡只剩下我之後，還是好好坐下來、照當天學校的課表讀書，就這麼焦躁不安的過了一天，一直到爸媽下班之後。

但最後，我並沒有被罵。是班導沒有聯絡爸媽嗎？回想當時的教育氛圍和班導的個性，也不無可能。但我覺得他們應該有接到電話，卻當作不知道；或許老師有打給他們，說我大概是因為跟同學之間有問題，才沒去上學，所以他們故意裝作不知情。

此外，我還曾經因為同學而受傷住院。我並沒有一五一十的說出來龍去脈，謊稱是因為和同學打打鬧鬧才會受傷。當時我以為自己成功騙過大人，直到自己也成為大人後，我才心想，也許爸媽早就知道發生了什麼事。

這兩件事情，我想他們或許都知情。他們會假裝不知道，可能是因為他們不懂該怎麼跟兒子溝通，所以開不了口；不然，也可能是他們心疼我，所以開不了口。

也許，站在第三者的立場，我們可以輕鬆給出比所羅門王還有智慧的建議，但是當牽扯到自己的孩子時，任誰都會手足失措。我的父母就是這樣，所以，如果你也不知道該如何面對孩子的關係問題、不知該從何處下手，我希望這本書可以帶給你一點幫助。

CHAPTER 1

他的真心話，你聽懂多少？

1 我喜歡一個人，沒朋友沒差

父母的擔憂

我的孩子下課時，總是自己走路回家，明明有那麼多孩子，卻只有他一個人自己走，我就覺得有點奇怪。下課時，其他孩子有說有笑，好像只有他臉色黯淡。我小心試探，問他怎麼自己一個人走，他卻說他喜歡自己一個人，沒有朋友也沒差。他說他真的很自在、沒有關係，我該怎麼跟孩子討論這件事才好？

孩子的真心話

真希望爸媽不要再擔心我了。我喜歡自己一個人，沒朋友也沒關係。我不需要朋友，但是不知道為什麼，爸媽都說朋友很重要，明明我一個人很自在。

老師意見

我們可以先試著區分「真的沒關係」和「假裝沒關係」。試著和孩子聊一聊，觀察他是不是真的沒有朋友也沒關係。如果沒辦法透過聊天確認，也可以觀察非語言的部分來了解，也就是孩子的表情、聲音、動作等。我們可以透過語言和非語言的表達，了解子女那句話背後真正的含意。

最後，大致能將自己的孩子分成以下三種類型：

1. 開心的邊緣人

這種孩子說自己沒關係時，是真的沒關係。他不孤獨，是一個開心的邊緣人。他和班上的所有同學都處得很好，像變色龍一樣，和男同學踢足球的時候，是優秀的足球選手，在小組合作討論時是穩重的協調者，和女同學聊天時又是不折不扣的多話王。

這樣的孩子有很多不一樣的面貌，對他而言，「做什麼活動」比「跟誰一起」還重要，所以沒有一個特別要好的朋友也沒關係；只要能做自己想做的事，任誰都可以變成朋友。如果是這種情況，父母就不需要太擔心，因為這種孩子真的沒關係。

2. 自發性邊緣人

有些人是自發性邊緣人，也就是自己本身不想去交朋友。通常是為了專注在自己的目標上，例如要念書等原因而遠離朋友，舉例來說，這樣的孩子可能會想：「反正升學之後也不會再聯絡，現在變親近也是浪費。」、「好好念書比較重要，只要我成績好，自然就會有朋友了。」

對這些孩子來說，「沒關係」代表的意義是，雖然知道朋友的必要性和重要性，但因為自己有其他目標，所以暫時還不是那麼需要；如果我需要朋友，我就會去交，如果不需要，那就會成為選擇性邊緣人。

3. 被迫性邊緣人

雖然想和同學們相處融洽，事情卻不順利，在無奈之下變成邊緣人，這樣的孩子大多都會裝作不在意。他們不會誠實的說：「我也想交朋友，但就是交不到，所以很孤單，我好想跟他們變成好朋友。」需要父母和老師自己去發現。

大家應該都聽過《伊索寓言》（*Aesopica*）中狐狸和葡萄的那則故事吧？那篇故事說，狐狸為了吃葡萄，所以伸長了手要勾樹枝，結果碰都碰不到，牠就說「那葡萄一定很酸」，忿忿的放棄。其實被迫性邊緣人也跟狐狸一樣，自己嘴上說沒朋友也沒關係，將狀況合理化，將自己的真心隱藏在「交朋友很麻煩，自己一個人更輕鬆」這句謊話之後。

這樣的孩子並不是真的覺得沒朋友也沒差。我們必須懂得讀懂他的真心話，把為什麼需要交朋友的原因強塞給孩子，或把這類狀況歸納成孩子的問題之前，請先深入觀察，看看他為什麼會這麼想，或因為哪道傷口，才使事情演變成這樣，並輕輕撫慰孩子的痛處。

圖 1-1　馬斯洛的人類需求層次理論

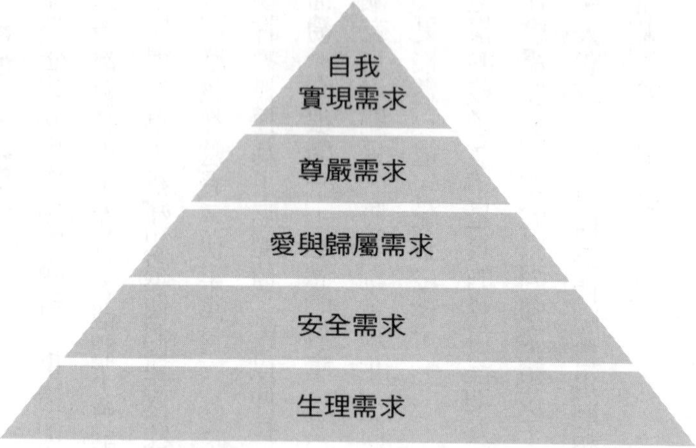

融入群體是人類本能

美國社會心理學家亞伯拉罕・馬斯洛（Abraham Maslow）發表的人類需求心理五階段理論請見圖1-1。

這個金字塔是由「生理↓安全↓愛與歸屬↓尊嚴↓自我實現」五個階段所構成，金字塔下層的需求被滿足之後，才會出現更上層的需求。

舉例來說，當吃喝的生理需求被滿足了，才會開始期待獲得安全。第一、二階段的需求，主要在幼兒期出現，第三、第四階段則從小學開始浮現。

依照馬斯洛的理論，達成前兩個階段後，任誰都會想形成社會共同體，歸屬於某個團體、想與他人一起行動。也就是說，沒有人不適用於愛與歸屬這個階段。想透過社會性互動來維持圓滑的人際關係，是人類的本能；對孩子們而言，他們對愛與歸屬的需求，甚至會比安全來得更強烈，若這個需求沒有被滿足，他們會出現孤單、有壓力、憂鬱症的現象。

說自己沒朋友也沒關係的孩子，通常不願正視自己的需求。總歸一句，孩子的內心是需要朋友的。

開心的邊緣人、自發性邊緣人、被迫性邊緣人，無論是何種情況，世上沒有一個人真的可以永遠獨自一人。請告訴孩子，沒有人能夠自己一個人活下去，社會是一個共同體，需要彼此互動才能好好生活。**他們可能覺得自己一個人速度比較快、比較輕鬆，但不是這樣的，要和別人一起，才能走得更久、更遠**。一個人走百步，還不如一群人走一步的影響力來得大。

想在共同體存活，就需要社交能力。社交能力會在成長發育階段有長足的發展。想要培養社交能力，就必須和同學融洽相處。請幫助孩子，別讓他長成一座光禿禿、只有一棵樹的山丘，而是成為有扁柏樹、狗尾草、杜鵑花、麻雀、布穀鳥、小鹿、野豬……各式各樣的生態交織出的壯麗山景。

接下來，我想介紹一些適合和孩子一起進行的活動。

家長可以讓孩子想起和朋友一起相聚的開心時光，試著比較自己一個人和與朋友在一起的優缺點；此外，也可以分享自己和別人相處時，變得更加快樂、獲得慰藉的經驗，或是找出和他人合影的照片或影片。用文字書寫或圖畫表達也是很好的辦法。如果孩子難以舉出跟朋友相處的經驗，也可以試著回想和手足、家人、親戚共遊的回憶，透過這樣的發想，讓孩子回想起和他人相處的愉快感受。

2 要我主動跟人打招呼，很累

父母的擔憂

我家孩子個性內向又很消極，不主動跟別人講話，就算講了話也不多，總是很被動。他既安靜又容易害羞，看他跟同學相處時，總是很難主動踏出那一步，讓我很擔心。

因為沒什麼社交能力，總感覺他很氣餒，好像為人際關係所困擾。他的個性就是這樣，所以交友不太順利，真希望他可以變得活潑，多交一點朋友，他只喜歡待在家裡，真是急死我了。

孩子的真心話

我真不知道為什麼爸媽一直要我主動去交朋友，我覺得在旁邊靜靜觀察同學的言行舉止，再獨自進行思考，其實很自在、很舒適！他們總是要我主動去打招呼、多說一點話，我覺得既不自在又累人。我覺得在家裡很舒服，可是媽媽老是問我怎麼不出去玩，一直碎碎唸。我覺得她這樣做，反而讓我很不舒服，而且我不喜歡交很多個朋友，只要有一個最要好的朋友就夠了。

老師意見

「希望我家小孩上課時，可以更積極參與、上臺發表，在小組活動中也能扮演更主動的角色。拜託老師給予指點，讓他成長。」

這是結束家長教學參觀日後，許多家長對我說過的話。對父母而言，教學參觀日的重點在於自己的孩子發言了幾次、是否抱持積極的態度，大家都希望子女上課時可以多多表現。

「當所有人說『不』的時候，懂得說『好』的人。」很多人把這稱為勇氣的表現，要求大家都要積極表達自己，並強調這才是正確的價值觀。簡單來說，外向的個性比內向更好，是社會上的普遍認知，所以，市面上有一堆相關書籍和演講課程，都會標榜「適合內向、消極的你」。

但是，一定要積極外向才行嗎？有的人雖然一言不發，但懂得深入思考；有的人雖然沒有上臺，但擅長在腦中具體模擬、彙整同學意見；也有人喜歡自己尋找不同方法、思考複雜的事物。其實，**內向的孩子有他們自己做事的速度和方式**。

我們不能用二分法去區分個性，只能說在內向和外向之中，比較靠近哪一邊。個性偏內向的孩子，他們喜歡將能量花在內在事務上，一般而言，他們獨處時會獲得能量。如果孩子有這樣的特徵，站在父母立場可能會覺得皇帝不急、急死太監，很替他們擔心，害怕孩子沒辦法和同學打成一片、沒有積極參與活動，尤其子女畏畏縮縮的態度，可能讓人覺得他對交友關係很消極，就更加擔心。自然而然，父母就會說出「你先主動搭話看看」、「你先試著伸出手」這種話。

不過，聽到這句話的孩子，只會覺得很不舒服，因為他的天生氣質就不容易做出這樣的言行舉止，就算刻意努力，需要花費的心力也比天生外向的人多上好幾倍。天生的氣質很難改變，除非經歷過各種不同事情，但這個過程非常辛苦。所以，我會建議父母放下「外向才有優勢，所以一定要改變個性」的想法，我們更應該仔細觀察孩子的氣質傾向，並尋找出最適合他的交友方法。

如同每個孩子都有適合自己的氣質，他們也會找到適合自己的朋友。並不是個性內向就交不到朋友，內向的人也有自己的交友辦法，也能跟大家打成一片，有時候是內向的人彼此玩在一起，也有外向的孩子很喜歡內向型孩子，因而成為朋友的情況。

內向不代表畏縮，而是慎重

個性內向並不是缺點，我們可以看看外向和內向人格的幾項代表性特徵。

內向的人通常謹慎細心，做事非常仔細。此外，他們也非常體貼，同感能力範圍廣，很少會做出傷害別人的舉動。他們還有注意力和觀察力優異的優點。外向的人容易和人們交朋友、人際關係廣，優點是適應力很強，可以為周圍的人灌輸活力。

雖然在學期初，大家比較容易注意到外向的學生，但時間一久，後來很常轉變為孩子圍繞在內向型學生身邊。尤其，進入高年級後，孩子之間開始有祕密，通常都喜歡和內向的同學分享，因為他們不會到處洩漏祕密、值得信賴，也因而變得親近。

所以，在面對內向型孩子時，請使用尊重對方想法和情感的語言。**內向型孩子容易被批評為畏畏縮縮，但這樣更容易讓心思細膩又想很多的孩子受傷**。即便是同樣的意思，也請用正面的角度來表達，比方說，與其說他畏畏縮縮，不如形容為慎重。

如果遇到必須激發孩子積極性的時候，請使用開放式問題，引導孩子用自己的語言說出口。別硬是強迫他去做，而是用安撫的，讓他知道父母會陪在他身

表 1-1　個性外向、內向的孩子，各有優點

外向型	內向型
・能量向外釋放 ・休息時間喜歡和許多人在一起	・能量朝內釋放 ・休息時間享受獨處
優點	**優點**
・能輕鬆和剛認識的人打成一片 ・人際關係廣 ・在人與人的關係之中獲得能量 ・能輕鬆戰勝衝突 ・適應力強 ・享受各式各樣、高強度的刺激 ・通常外在獎勵會成為實踐動機	・慎重交友 ・人際關係較深入 ・透過人與人的關係學習 ・喜歡事先計畫、做好完善準備 ・注意力高 ・想像力強 ・通常內在獎勵會成為實踐動機

邊，給他溫暖和穩定感。如果我們可以正視並尊重內向型孩子的情緒，就能看到更有效的變化。

我們必須盡力讓孩子對自己與生俱來的氣質和個性，保持正面的認知和情緒。無論外向或內向，正向看待自己的孩子，才能讓他看待世界的眼光也變得積極正向。這會激發子女開朗的能量，創造出吸引朋友靠近的力量。所以，家長要從自己出發，以正面的態度對待孩子的氣質和個性。

想做到這點，第一步是稱讚。正面看待天生氣質，能帶出後天的好個性。內向型學生的大腦前額葉血液循環旺盛，而前額葉是掌管記憶力、解決問題能力、判斷能力及直覺的地方，所以內向型孩子這方面的能力通常較為出眾。這時，我們可以好好觀察這些特徵，積極稱讚他們。與其要他們努力克服缺點，不如將缺點轉化為優點，將他們的優點放到最大，強化每個孩子獨特的個性。

右頁表1-1列出不同個性通常具有的優點，請為孩子的優點加上更強大的翅膀，多多讚美他們，讓他們展翅翱翔。

3 手勾手走一起，代表我們感情好呀

父母的擔憂

我的孩子經常跟朋友有肢體接觸，跟朋友手勾手走路的頻率很高，身體幾乎時時刻刻都和朋友黏在一起。因為肢體接觸的程度實在太超過，我擔心有同學會不喜歡。

我有試著叫他不要跟同學貼在一起走路，但不知道為什麼，他非常不開心，叫我不要再唸了。

不只是手勾手，他說平常在教室也經常和朋友有肢體接觸，不過，有些同學已經開始進入青春期，我很擔心到時候會演變成大問題。

孩子的真心話

我覺得和朋友手勾手或牽手走路是友情的象徵。和朋友肢體接觸時，我覺得心情很好，感覺我們好像更要好了，所以才經常和朋友黏在一起。真不懂這有什麼問題！

老師意見

在現在這個時代，的確該對肢體接觸問題保持更敏感的態度。在這個時期，孩子對於肢體接觸的態度如果跟同儕不一樣，家長當然會非常擔心，尤其隨著年紀增長，家長更應該讓孩子清楚了解肢體接觸的概念。

首先，最重要的是在家裡要有充分的肢體接觸。孩子能從父母親那邊獲得肢體接觸，但分量必須足夠；如果孩子在外面會特別渴望和他人肢體接觸，可能就代表在家中是缺乏的，而且，由他人來補充這個缺失，和由家長親自提供還是不一樣。

請回想看看，平常自己和孩子有多常進行肢體接觸，像是一天抱一次、說「我愛你」、親一個等，如果這種肢體表現會自然出現在日常生活中，那就沒問題。但是，如果和兒女擁抱會讓你尷尬，說愛你讓人感到陌生，就代表仍須努力。不妨試試在兒童每天上學和放學時，在玄關親一下吧！

如果親親或擁抱還是很尷尬，可以從擊掌或摟肩開始，在家中形成自然的肢體接觸風氣。

肢體接觸前，先獲得對方同意

父母和子女之間的肢體接觸，嚴格來說也需要經過同意。**就算對象是父母，孩子也有拒絕肢體接觸的權利**。

所以，在互動之前，請先問：「媽媽可以這樣抱你嗎？」、「可以牽你的手嗎？」、「牽手的感覺怎麼樣？」、「我現在想親你，可以嗎？」

透過這樣的提問，他會學到即便關係親近，要碰觸對方時仍要獲得許可。此外，你也應該自然的告訴孩子該如何拒絕肢體接觸。要讓他知道，身體是屬於自己的，所以關於身體的權力和責任，也掌握在自己手上。我們在家庭中要教育孩子，肢體接觸可能帶給他人被愛的感覺，但也可能帶給他人不愉快的感覺。關於自己身體的同意和拒絕，都要由自己負責。

此外，如果可以好好教導關於父女及母子間的肢體接觸界線，孩子和異性也比較可能建築起健康的關係。

區分在家裡和外面的肢體接觸

與家人或其他人的肢體接觸，非常不一樣。沒辦法區分這個界線的低年級孩子，很可能會讓老師驚慌失措。

有的孩子會用很開朗的表情問：「我和爸爸一起洗澡的時候，都有看到爸爸那邊，為什麼老師上廁所的時候就不能看？」、「我可以摸媽媽的胸部，為什麼不能摸老師胸部？」

儘管子女因為年紀小，是真的不懂，父母也要跟他們講清楚。日後他們經歷社會化階段後，可能會想：「因為對方不喜歡，所以我不可以這樣做。」但這樣的話，孩子只是因為別人不喜歡而克制自己，卻不知道為什麼不能這麼做。

如果不從小讓孩子明確區分這兩件事，長大之後，他可能還是會認為「我們關係好像變熟了」，就可以輕易和對方進行肢體接觸，所以一定要從小就讓孩子懂得明確分辨界線。

教導孩子的同時，也別忘了把這當作性教育的機會，可以教他們男性和女性的身體構造哪裡不同，以及為什麼要珍惜彼此的身體。

性教育不用特地約好哪天進行教學，只要在談到身體相關的事情時，自然藉機教育就可以了。

在日常生活中就應該時常指點孩子，告訴他們不僅要愛惜自己的身體，也要尊重他人的身體。

每個人的愛之語不同

所謂愛之語（love language），就是可以感受到愛的方法。不僅有肢體接觸，還有肯定的語言、服務行為（幫忙他人）、相處時光、送禮……有好幾種方式。讓孩子知道，有很多種方法可以表現友情或愛情，讓他們可以視場所、狀況和時間，平均且適當的使用這些方式。不是只有透過肢體接觸才能和朋友變親近，也可以使用肯定的語言交心，或替朋友準備禮物，以及做朋友喜歡的舉動，舉例來說，花時間一起談天或一起去某件事，也能讓友誼變得更深厚。

我們可以問問孩子：「朋友怎麼做的時候，你最開心？」、「你和朋友做什麼的時候，會覺得你們很親近？」藉此得知他的愛之語，或是透過線上檢測，也可以獲得到更精準的結果，也能藉此讓孩子知道，別人和自己的愛之語不一定相同。

請和孩子一起討論不同愛之語的優缺點，也聊聊他們和朋友的愛之語各是哪一種，幫助他們建立健康的人際關係。

4 我沒有要跟他吵，只是把想法說出來

父母的擔憂

我經常聽說孩子和同學吵架，而且是從班導師、鄰居那裡聽說的，真的很丟臉。小朋友也說自己常和人家吵架，尤其很常提到一些負面情緒，說他討厭同學。一開始，我還想說沒什麼，但是吵架頻率越來越頻繁，讓我覺得可能是我的孩子有問題。他是不是本來就愛生氣？為什麼老是跟人家吵架？

孩子的真心話

我也想和同學好好相處，不想吵架，但是我表達自己的想法時，說著說著就

起了爭執。我也不想生氣，但就是很容易這樣，我不懂為什麼同學的想法都和我不同，而且，如果不把我想說的話說出來，同學就不把我當一回事，所以我老是在生氣。

老師意見

生氣，是人人必備的情感。有些人認為生氣、憤怒、委屈和悲傷，都屬於負面情感，一定不能表現出來，但事實並非如此，這些都是我們必備的情感。看到不公正的事情而感到憤怒，被他人威脅到時感到生氣，碰到處境艱難的人而感到悲傷，這些情緒絕對有其用處。

但是很重要的一點是，生氣這個情緒必須用在需要的地方。如果沒有用在正確的地方，可能會對他人造成傷害，也可能使情況惡化。因此，孩子必須懂得控制怒火、區別某個情緒在當下是否必要，並擁有調節情緒的能力。請告訴孩子，**如果把怒意用在需要的地方，它也能是好的情感**，同時也要讓他知道，我們必須擁有調節的能力。

孩子是否因為某件和同學或家人發生的事，而產生想報仇的念頭、心生憎恨呢？生氣這個情感，大多是從過去對某人或某事件的負面認知開始萌芽，根據瑞士發展心理學家尚・皮亞傑（Jean Piaget）的認知發展論，人類在和環境互動後，會經過同化、調適、均衡的過程改變他的認知結構。

透過不斷反覆這樣的過程，人類創造出可以理解新事物並接受它的基礎，也就是認知的框架。如果這個框架形成時，受到父母造成的深層傷口影響，或被朋友背叛，兒童自然就會出現生氣的反應。

想要改變這樣的框架，只有原諒才能解決。以後再次受到刺激時，若不希望孩子用同樣的方式反應，我們要幫助他，把該事件和那個人從內心深處的監獄中解放出來，才能擁有更美好的未來。如果不去原諒，就會使該框架越來越堅定，生氣時反應只會越來越大，最終讓那股情緒一點一點的侵蝕自己。這就好像對著傷害自己的人說「你去死」，自己卻不斷吃著毒藥、傷害自己一樣。

這時，我們可以好好同理孩子的心情，告訴他：「因為那件事，你很受傷吧？該有多難過啊！那不是你的錯。」孩子受到關心，認為真的有人站在自己這邊時，就通過了原諒的第一個關卡。另外，除了反省並放下過去的包袱之外，還要讓他尋找需要感謝的事情，藉此克服往事，重新站起來。

和孩子一起觀察他的情緒源自哪裡

孩子生氣的當下，父母要解讀出孩子的怒意背後的真心話。他的真心可能是委屈、憤怒、煩躁、被忽視、憂鬱、悲傷、挫折、緊張、不安、暴力等，我們必須細心解讀他們的心思，明白這究竟是不想被忽視的心情，還是難過又委屈，卻無法用言語表達，只好發脾氣的心情。

如果可以仔細又具體的解讀孩子的內心，就會知道那並不是生氣，而是因為兒童對複雜情緒還很陌生，所以經常會用發脾氣來表達自己的負面情感。為了把這樣的情感用更具體、客觀的方式表達出來，家長需要和孩子談談。

請先詢問：「生氣的時候，你感覺怎麼樣？」、「生氣時，你想怎麼樣對待同學，或怎麼樣處理那個狀況？」、「你的心裡最先想到的是什麼？」

另外，別把這些情緒都用生氣兩字概括，試著和孩子一同進入內心深處探討。如果不能從根本了解子女的負面情緒、好好安撫對方，使用其他壓制怒火的「小撇步」都只是暫時的。如果孩子學會細細觀察自己的內心，並正確解讀情緒，他的心胸才能夠變得寬大，並開始治癒負面情緒。

如果孩子說「我生氣了」，請引導他說出那種情緒的來源和他這麼做的原因。孩童會這麼做，一定有其原因。家長必須讓孩子向對方說出，自己為什麼會生氣，並正確表達自己的情緒，只有說出原因，對方才可能傾聽，並同理自己的感受。

如果遇到應該生氣的情況，孩子卻不會發火，就很容易被視為好欺負，反而被其他人戲弄。相反的，如果太常生氣，則可能被當成難搞，同學就不願意親近他。這兩種極端例子告訴我們，生氣歸生氣，重點在於要好好表達生氣的原因。

如果就目前來說，要孩子親口說出原因太強人所難，那就先練習向他人表達：「我生氣了。」不僅要讓對方認知到我已經生氣了，也可以藉由客觀解讀自己情緒，來平息心中的怒火。當我們可以認知到自己生氣了之後，自然就更能控制情緒。另外，家長也務必和這類型的孩子一起練習認知、表達各種情緒。

請從「現在心情怎麼樣？」、「現在心裡感覺如何？」等簡單問題著手，回答部分則可以從幸福、驕傲、感謝、開心、悲傷、鬱悶、嫉妒、討厭、失落等簡單的表達方式開始練習。

若孩子可以用自己的語言表現出他的感受，當下就有辦法暫停下來，正視自己的內心。如此一來，也能夠阻止自己落入負面情緒的漩渦中，好好檢視自己。

利用真心紅綠燈，練習排解怒意

我們必須讓孩子知道，想解決問題，就必須溝通。在碰到問題時生氣，代表子女不熟悉溝通的方法，我們可以一起練習健全溝通方式中的「真心紅綠燈」。

如同紅綠燈會由「紅燈↓黃燈↓綠燈」三種顏色變換，我們的心也可以透過三個階段來表達。

首先是紅燈，也就是暫停階段。在直接向對方表達自己的情緒和心情之前，我們先暫停三秒鐘，停下來想一想我的情緒和心情。

接下來是黃燈，也就是思考階段。如果把我感受到的直接表達出去，一定會和對方有衝突，所以在這個階段，要**把話語轉換成考慮到自己和他人立場的用字**。

最後是綠燈，也就是表達階段，這時，就把剛剛停下來思考的體貼版臺詞說出來。

請設定幾道問題，讓孩子在家裡和父母親或兄弟姊妹練習幾次。表1-3提供幾種狀況作為例子，如果能夠熟練的運用真心紅綠燈解決這些範例，再用孩子和同學之間發生過的衝突狀況做練習。

表 1-2　排解怒意的真心紅綠燈

紅燈 →	黃燈 →	綠燈
① 暫停 說話前先暫停3秒	② 思考 考慮我和同學的心情	③ 表達 好好說，別生氣

請讓孩子知道，人生本來就充滿了衝突和矛盾，和別人意見不一致、起爭執，都無可避免，重點在於遇到這些事情時，不能用生氣、吵架去處理。生氣會讓人變得有攻擊性，而孩子又比大人更不擅長處理負面情緒，這種時候絕對不能為他人造成傷口或蒙受傷害，像是丟東西、口出惡言、暴力行為，絕對不能容忍。

因此，父母應幫助孩子培養出生氣時的紓解方法，讓他懂得調節，請幫助孩童尋找如唱歌、聽音樂、跳舞、運動、冥想等抑制怒火的方式，並多加鼓勵他用這些方式紓壓！

表 1-3　運用不同狀況練習

狀況 1	同學未經過我的同意，就拿我的東西去用。
狀況 2	同學違背了和我做過的約定（約定時間、場所、祕密等）。
狀況 3	同學不願意做我想要做的事（足球、桌遊、看書、打掃等）。

5 誰說我愛比較，我媽更愛比吧！

父母的擔憂

我的孩子經常提到○○同學，他會說「這個○○很會」、「這次○○又得獎了」、「我本來也想選班長，不過○○說他也要選，所以我放棄了，反正我也選不上」。感覺他自尊心很低，每次都輸給那個同學，讓我在對方媽媽面前也抬不起頭，他到底知不知道我這個媽媽會難過？

孩子的真心話

○○同學是真的很厲害，連家裡都比我家有錢。雖然在他面前，我常常覺得自己很渺小，但他還是有很多值得學習的地方。媽媽也說過，叫我跟會念書、又是模範生的同學一起玩，所以我跟他變熟了，但媽媽卻老是把我跟同學拿來比較，把我當成沒出息的人。我低○○同學一等這種看法，也許根本源自媽媽自己的看法。

老師意見

請仔細觀察孩子主要在哪些部分出現比較心態。孩子們通常會就成績、會不會念書、運動、能力、外表、錢、父母、家庭氣氛、父母用車等各種層面，和同學及同學的家庭做比較。會去和別人比的領域，通常就是孩子自覺不足或想要更優秀的部分。因此，我們要仔細觀察孩子通常都在比什麼。

孩子和他們認為更優秀的同學比較時，通常也會順帶貶低自己的某些部分。因此，父母也要一起努力，把那個部分補強起來。如果孩子和比自己成績好的同學比較，認為自己很笨，那就把一起念書的時間拉長；如果孩子羨慕很會運動的同學，那就讓子女固定維持運動習慣，培養運動能力。

光是去努力，就對孩子有益處，因為即便努力過後還是沒有同學厲害，仍會對努力的自我感到滿足，產生脫離比較心態的效果。

要是子女和比自己差一點的同學比較，覺得自己很棒，那就針對他認為自己很棒的部分多多讚美。這不是在鼓勵家長去比較同學，請把重點放在稱讚孩子本身。**當他認為自己的優點受到充分認同時，就會慢慢減少和他人比較的情況**。

一旦開始比來比去，就沒有停止的一天，所以遇到這種現象，最好盡快連根拔起。對成績抱持比較心態的孩子，就算贏了所有人、獲得第一名，也會開始想比別的東西；所以，和別人較勁，有時候只會一點一點的侵蝕自己，無法使自己變得更好。

所以，我們要讓孩子拋下「必須比別人更優秀、要讓別人看不見自己的車尾燈、一定要贏過別人才會開心」等想法。與其和別人比較，不如和過去的自己較量，克服自己、成長淬鍊後，才會獲得真正的幸福。贏了別人不算幸福，反倒可能是傷害自己的捷徑。

比較心態，很多時候源自父母

想要停止比較，就必須先承認我和別人不同。每個人的個性、喜歡的東西、經驗、家庭環境、才能等皆不相同，所以不可能拿來比較，也不需要比。我們要承認每個人都是獨立的個體，有自己的個性，才能學會珍惜自己。請父母也要認同孩子是獨立的個體，並持續告訴孩子，他本來就是個很珍貴的人。

自尊感高的孩子不會去比較，就算比較，也只會心想：「原來他是這樣的啊！」不會因為同學怎麼樣，就讓自己的情緒受到影響。

我在帶二年級時，曾聽到孩子們討論爸媽開的車款。當時覺得很神奇，孩子們怎麼會知道那麼具體的車名、價格和價值？是他們自己去查的嗎？答案當然並非如此，大概是聽到父母在家裡的談話，才學起來的。

還有一名學生在吃營養午餐時，常把「吃這個會胖，我要少吃一點」這類型的話掛在嘴邊。跟家長談過以後，才發現原來他的父母對於減肥的觀念非常極端。

孩子會產生比較心態，很多時候原因來自父母。家長平時的語氣或用字，種下了孩子習慣跟他人比較的根。即便父母自己沒有意識到，子女也會全盤接收，讓他們的比較心態越來越強烈。此外，家長的壓力也會加強比較心態，像是父母小時候沒能實現的夢想、對於自己不足之處的執著、對某樣東西的欲望……都會轉移到孩子身上。

孩子就像海綿，會吸收父母的所有東西。如果孩童的比較心態來自家長的影響，那就必須從我們開始改變。當父母有所改變時，孩子一定會變得不一樣，因為兒童就像是父母的鏡子；因此，我們要透過孩子來檢視自己的模樣，雖然有可能難以接受，但請虛心接納，當成改變的機會！

6 誰說我跟他要好？

父母的擔憂

孩子有一個從小就一直同班的同學，在家裡也經常提到他。我以為是因為那個孩子跟他最要好，但是仔細回想起來，他心裡似乎很討厭那個同學。他不是把同學當成善意的競爭對象，激勵彼此成長，而是把對方當成必須贏過的競爭對手。我該怎麼跟孩子談談他的嫉妒心態？

孩子的真心話

今年我也跟○○同班。他跟我個性很像，身高也差不多，但是他更受同學歡迎，老師也更喜歡他。體育課要分組時，同學大多會以我和〇〇為首，分成兩隊，我們兩人的爸媽之間也有種在互相競爭的感覺。他是我每天從上學到放學，最為在意的同學，因為只要相處在一起就會很在意，我希望明年我們可以被分到不同班。

老師意見

孩子會羨慕別人擁有、自己沒有的東西。從衣服、首飾到個性，甚至他人父母人很好、經濟能力優渥，也可能是孩童羨慕的原因。看到自己沒有、別人有的優點會感到羨慕，是很自然的現象，大人也是如此。

但是當羨慕過了頭，就會變成嫉妒，那就是很危險的情緒了。嫉妒具有攻擊性，又有自我毀滅性，如果只是羨慕，這股情緒可能會形成成長的原動力，成為自己前進的目標，但嫉妒心卻讓人想否定他人的存在，陷入只有他人變得不幸、自己才會幸福的想法之中。

說到底，**嫉妒是一種會「破壞自己」的情緒**。

此外，羨慕的情感增強之後，可以分成「嫉妒」和「妒忌」兩種，而後者比前者更危險。

妒忌指的是眼紅別人風光順利，因而討厭他人。從字面上來解讀，「忌」就帶有厭惡、妒恨之意。

妒忌和嫉妒經常被當成同一個詞彙，但其實，嫉妒源自於他人和自己的對比，通常由羨慕演化而來，而妒忌則可能是無來由的。

簡單來說，妒忌就是討厭，不需要原因，就是討厭這個人，問他理由也只會說「就是討厭」。遇到這種情況，其實就不是因為羨慕或想要擁有對方的什麼特質，單純就是討厭那個人。

家中排行老大的孩子雖然獨占了父母的愛，但是當弟弟妹妹出生，一切就不一樣了。這時候，他們會開始嫉妒、妒忌手足。起初是想獲得父母關愛的羨慕之情，但後來卻覺得，我沒能得到的東西，弟弟妹妹竟獨占了，就演變成嫉妒，嫉妒的程度越來越高後，就變成了妒忌。

雖然羨慕、嫉妒、妒忌是很類似的情緒，但如果無法控制得當，就會轉變成侵蝕自己的可怕情感。

培養善意的競爭心態

所謂的競爭心態，就是想在比賽時贏過他人、領先他人。我們平時就很常使用競爭兩字，在校園中也不例外，比如體育課打躲避球時，會分兩隊競爭，運動會也會分紅、白兩隊競爭。

在教科書中，也時常會介紹需要分組的比賽，甚至還有「競爭型遊戲」這類專有名詞。此外，課堂上也經常使用「先到先贏」的說法，其實這句話本身就帶有「要比別人動作更快」的競爭意味。

我們為什麼要競爭？我想，這可能是本能吧！在原始時代是為了生存，在現代社會中，人則必須在有限的空間下競爭，大環境要求我們，唯有動作更快、更厲害才能爭取到自己想要的事物。那麼，既然競爭是本能，也無可避免，那就必須將競爭運用在更好的方面。

善意的競爭和演變成妒忌的競爭，有什麼差別？差異在於比較對象不同。如果把焦點放在自己身上、和過去的自己比較，那周圍的同學不過是善意的競爭對象。如此一來，同學就成了促使自己成長的因素。

相反的，把焦點放在他人身上的孩子就不一樣了。他們不斷拿同學和自己比較，即使自己已經成長很多，但同學的成長幅度如果更大，就會相對認為自己沒長進。若沒有同學厲害，那股情緒就會逐漸演變成嫉妒和妒忌。

所以，請不要過度鼓勵讓孩子跟同學競爭。

很多父母和老師的一言一語中，都帶有比較孩子和同學的話語，就算覺得自己沒有這樣的意圖，也可能不經意的表現出來，所以我們必須時時留意。稱讚孩子時，請針對他們本身的特質和成長來讚美。

此外，我們也應該再次提醒子女，朋友的真正意義為何。所謂的朋友，不是把彼此當成墊腳石，用完就丟、彼此折磨的關係。如果他認為朋友關係就是這樣，這孩子和同學朝夕相處時，該會有多難過、多痛苦？

朋友是一起開心成長的關係，應該感到自在、心情好，而不是覺得緊張、不舒服。如果我對同學抱持著負面情緒，對方通常也會感受到；同樣的，只有自己覺得自在時，對方才能同樣感到開心。

不過度在意他人的方法——寫感激日記

如果孩子能夠對所擁有的東西抱持感謝、知足的態度，競爭時的心態就會變得健康許多。

因此，我們必須教導孩子，把重點放在他們喜歡、擅長，或是現在正在做的事情上，而不是只注重自己哪裡比別人厲害。生活重心不該以別人為主，而該放在我身上。如果老是把焦點放在他人身上，自己只會變得越來越渺小，慢慢衍生出嫉妒及妒忌之情。

讓孩子**每天找出五件值得感謝的事**，**寫成感謝日記**，培養感恩的習慣吧！雖然平常不太會特別意識到，但也該督促孩子每天尋找值得感謝的事，培養滿足於既有條件的心態。從自己、家人、朋友、鄰居、健康、環境、條件、時間、關係等具體領域中，尋找感激的事，這可以幫助孩童將注意力從他人轉移到自己身上。

7 我也想快呀，但動作就是快不了

父母的擔憂

我的孩子動作很慢，有時候我也很受不了他慢吞吞的速度。雖然身為父母，我可以等他，但是學校同學卻不是這樣；聽說，因為孩子動作慢，同學都不想跟他一組。

在小組活動中，同學認為我家孩子沒有辦法貢獻什麼，但這樣的想法也沒有錯，我很難反駁。

雖然學校還有老師當作保護傘，某種程度上父母仍可以從中介入，但出社會就不是這樣了，很令人擔心。

孩子的真心話

我們班都在教室吃午餐。每到中午，我都會最早去排隊拿午餐，因為知道自己吃得很慢。我也努力想吃快一點，但比我更慢拿到午餐的同學，仍舊吃得比我快，吃完就去操場了。負責午餐值日生的同學老是不開心的說：「我們要趕快收完才能出去玩，都是因為你，我今天沒辦法去出去了。」

不只這樣，體育課、小組活動、遊戲時間，也經常因為我動作慢而出問題。其實，我不懂為什麼要加快速度，而且就算我想快一點，有時候就是快不了，所以，如果連在家裡也被唸「不要慢吞吞、趕快做」，心裡真的很受傷。

老師意見

所謂的速度慢，隱含了很多種意思。首先，請了解究竟是哪個部分慢。光是語言領域，就分成聽、說、讀、寫四部分，所以我們必須先分析，具體來說，究竟是數理、外語、人際關係、同感力、認知力、表達力，還是在藝術領域發展得比較慢。如果大部分領域都是如此的話，那就再從中找出最慢的部分。

接下來，就去了解是怎麼樣的慢：沒辦法在規定時間內完成？老是搞不懂該做什麼？不懂對方抱持什麼樣的想法？表現低於平均？在某個特定領域，總是處於什麼都不懂的狀態？請客觀觀察孩子的慢，究竟是怎麼樣的慢法，也可以詢問班導師，他們的觀點會更加精準。

接下來，就要檢討為什麼會慢。可以透過對話、觀察，或從班導師等旁人觀察的資訊得知。動作慢這件事，也有各種不同樣貌，有的人很輕微，稍微努力一下就可以改善，也有的孩子嚴重到需要接受專業機構治療。

首先，經常看到稍微慢一點點的孩子，大部分都是因為注意力不集中，也就是比起聽老師的話，他們更注意同學說的話；比起父母親的話，他們更集中在自己現在想做的事情上。

給予這些孩子指示時，請看著他的眼睛說話，並使用簡潔有力的字句，一次只講一件事。冗長又包含很多件事情的字句，會害他們一件都完成不了。這些孩子對自己喜歡的東西，會非常沉迷，而且樂意積極參與，不過若是沒興趣的事情，動作就會比較慢，所以對於他們動作慢的部分，不需要太擔心。

相反的，如果速度真的慢得太誇張，或是唯獨在某個領域長期表現落後，通常會出現說話和動作都需要更長時間學習的現象。這類型的孩子需要專業機構幫忙，可能具有特定障礙，也有可能是受傷或生病導致，必須接受檢查，再採取適當措施。

越早開始接受治療，效果也會越好。大部分家長對於接受專業機構治療這件事，都會有些抗拒，所以老師也不敢輕易開口建議，但是，接受專家幫助並不羞恥，從統計數據上可以得知，很多兒童和青少年都在接受協助。

過度的比較，是自卑感的催化劑

的確，治療很重要，但首要的是愛與關心。我們不能只把焦點放在緩慢這件事上，家長會一直罵孩子慢，其實是因為自己過度重視結果、目的、競爭和成就。**快和慢，都是和別人比較出來的結果**，明明本來應該激勵孩子，讓他更奮發向上，卻只帶來負面影響。像這樣的比較，其實是自卑感的催化劑。

其實，我每年教的班級中，都有幾個比較慢的學生。但是，不是所有說話和行動緩慢的同學，都會被討厭或排擠。我帶的孩子之中，有人行動雖然緩慢，但懂得適時開玩笑，創造歡樂氣氛；有的人看起來動作很慢，實際上個性謹慎仔細，他的責任感和使命感，總是能幫助他好好完成自己該扮演的角色。那些孩童並沒有因為慢，就被他人討厭、瞧不起，反而接受了自己的特質。

玫瑰花、南瓜花、野玫瑰、迎春花、蒲公英花、油菜花、櫻花……這些都是美麗的花朵，只是開花過程和時期相異。反覆的被指責動作太慢，只能埋頭加快腳步的孩子，無法綻放出屬於自己的花朵。

所以，我們不能讓孩子被限制於動作慢的框架中，況且，這個框架通常都是由父母的言行而形塑而成。只要家長願意相信小朋友，靜靜等待他，他就會有所改變。總的來說，只要沒有造成太大的問題，那我會建議家長在一旁靜待，替子女加油。

此外，也要讓孩子知道，**在團體生活中調整速度是必須的**。也就是說，孩子的速度本身沒有問題，需要加快是為了適應團體生活。當然，這部分不需要過度著墨，畢竟他在學校肯定已經充分體驗到這件事。

請讓孩子明白，速度快的同學要再放緩一點，速度慢的同學再調整快一點，這件事需要大家一起配合調整。父母可以和孩子一起設計策略，讓本來緩慢的行動可以更快一些。

比方說，我們可以和孩子設定任務，像是檢查作業要當第十名，吃飯要是倒數第三個吃完的，書包要第一個收完等，讓孩子學會開心調整速度的方法。在家裡設定好任務之後，再去上學，等到放學後，再輕鬆的討論有沒有達成目標。這種小小的成就感，最終將積沙成塔，變成自己想要的樣子。

8 我媽教我凡事要禮讓，現在又不要我讓？

父母的擔憂

讓步和為他人著想固然重要，但看到孩子總是在讓步，心裡就覺得很可憐、很難過。看他明明不開心，卻還是勉強讓步的模樣，我就覺得他怎麼這麼傻，讓人心疼。有時候我甚至想，還不如自私一點，把自己顧好就好，不懂為什麼我家孩子都要認輸，心甘情願的把東西拱手讓人，或是眼睜睜看著別人搶走。

孩子的真心話

讓步和為他人著想是好事，如果我先認輸，就不會吵架了。而且，在每個團體中，都必須有一個人不堅持己見，才能解決問題，大人就是這麼教我的。但是，為什麼媽媽之前教我要讓步，現在又叫我不要讓？真是搞不懂。

老師意見

適當的讓步和替他人著想很重要，也是團體生活必備的技能，但是，過度的讓步和體貼，也有必要修正。

首先，父母可以和孩子認真聊聊，弄清楚他替他人著想的原因。家長可以從「讓步之後你的心情怎麼樣？」、「可以告訴我你替別人著想時候的狀況嗎？」等對話開頭，了解子女的行為，主要都是在什麼樣的狀況下發生，以及當下的心態和想法。

如果難以獲得具體的答案，就和孩子一起演練當時的情況吧！為什麼他會勉強自己讓步？可能有以下幾種原因：

1. 不想引起爭執

面對衝突時，有些人會選擇不提出自己的主張，藉此盡快結束整件事，這麼做是為了逃避或躲避該狀況。

會這麼做，有可能是因為不想感受到負面情緒，也可能是難以忍受負面狀況。這時要讓孩子知道，躲避不能解決事情，就像下過雨後，土壤反而會變得更扎實一樣，若想讓彼此的關係變得更深厚，充分表達自己的意見和權利，互相討論、妥協、調整非常重要。要這麼做，才能維持健康又久遠的關係。

請告訴孩子該怎麼「好好吵架」，和孩子約定，解決衝突時絕不謾罵或行使暴力，讓他知道意見上出現衝突是很自然的事，即使起了爭執也沒關係。此外，就算有衝突和爭吵，只要和好就可以了，**吵架不一定是壞事，只是協調意見的過程。**

2. 被強迫學習讓步、替他人著想

通常，在手足眾多或氛圍嚴厲的家庭中長大、從小接受填鴨式教育的孩子，比較容易成為這種類型。為了解決手足之間的糾紛，讓步是最快也最簡單的方式，對父母來說也最為輕鬆；因此，很多父母會強迫孩子在不該讓步的時候體貼他人，但這等於在告訴他們：只有讓步和體貼，你才是乖孩子。

如果反覆用這樣的態度對待子女，小孩子會開始對自己感到迷惑。他會不知道自己喜歡什麼、想要什麼、想說什麼，將來成長為沒有色彩的白紙，讓自己的特質受他人和外在狀況影響。

簡單來說，體貼和讓步不完全是為了其他人好，家長必須讓孩子明白，**當自己開心、遊刃有餘時，才應該自願的讓步**，體貼他人的行為，應該奠基於感謝的心情。

3. 亟欲被他人認可

有些小孩想在同學面前表現出好的一面，為了獲得同學或其他人的認可，才選擇這麼做。但是，來自他人或外在的認同，沒有滿足的一天，只會讓人想不斷索求。

因此，父母要讓孩子知道，真正的認同來自自己。為了讓子女認同自己，家長可以多多發掘孩子的優點，經常稱讚他們；此外，也要觀察他們不同於他人的樣貌，藉此找出子女的優勢及與眾不同之處，多多讚賞他們。這樣一來，孩子就能認同自我，滿意於自己的特質，將其運用在生活上。

此外，被認同的需求和自尊心有關。培養好自尊心，孩子就會為自己行動、為自己做決定，而不是為了其他人。總的來說，父母必須先提供充分的認同感，當你尊重孩子的言行舉止與決定時，孩子的自尊心就會上升，被認同的需求也會以健康的方式獲得滿足。

9 沒主見不好嗎？不用做決定的人最輕鬆！

父母的擔憂

我家孩子很容易被同學的話影響，只要是同學說的，二話不說就立刻跟著做。而且，因為本來個性就很溫順，也不太會強調自己的意見，所以變得更聽從同學的話了。

問他想做什麼，只會說「沒有」，問他想吃什麼、想玩什麼，也只會說「都好」。又不是一、兩次，每次都說「都可以」，真的是氣死人了，真希望他可以積極表達意見，交朋友時也多掌握主導權。

孩子的真心話

我真的都可以，這樣也好、那樣也可以。為什麼一定要我具體選出某樣東西？而且，我真的喜歡跟著同學做，因為這樣我就不用做選擇，不是更輕鬆嗎？也不用煩惱要選什麼，真好。為什麼一定要我說出自己想做什麼？真讓人不能理解。

老師意見

首先，我們得了解孩子屬於哪種主導類型——大致上，可以分為領導型和跟隨型兩種。領導型，顧名思義就是在前面引領群眾，跟隨型則是在後面默默完成自己分內的工作。請觀察孩子在哪種位置時會覺得輕鬆，能夠發揮自己的潛力。

也就是說，不是說領導型就一定是好的，跟隨型也並非肯定處於劣勢；即便是跟隨型的孩童，也有培養決定能力和主導能力的方法。依照孩子的性格和氣質，讓他找到自在又開心的位置，這才是最重要的。有了領袖才有跟隨者，有了跟隨者才有領袖，請認同孩子天生的特性，自己在教養孩子時，也務必將這個特性納入考量。

接下來，我將介紹兩種不同類型的教養方式：

1. 創造環境，讓孩子能夠自行決定

據說，人類一天能夠思考約六萬件事情。自家孩子雖然看似優柔寡斷，但一定有他自己的心意和想法，請試著讓他表達出來。

怎麼做到？我們可以從在家裡就能做到的小選擇開始練習，舉例來說，詢問「你要穿哪件衣服？」、「什麼時候洗澡？」、「晚上吃什麼好？」等，從日常生活的瑣碎小事開始著手。

孩子會跟隨同學的意見和想法，代表他自己難以決定；對某些人來說，自己決定事情很有負擔、很難，因此，從瑣碎小事來反覆練習，可以培養孩子下決定的能力。

在二〇一九學年度的韓國教育課綱中，有一項非常被重視的能力——下決定的能力。現代社會提供人們過多選項，每分每秒我們都在做選擇，所以這是人人必備的能力。就像一步一步爬上梯子一樣，讓孩子可以從小事開始慢慢練習吧！

2. 塑造可以容忍失誤和失敗的氛圍

下決定為什麼難？因為人人都害怕失敗。因此，請提供孩子一個就算有失誤也沒關係的環境。

如果處在不能容忍失誤和失敗、一切都得保持完美的環境，小朋友會害怕做選擇也是難免的。如此一來，孩子的意見就只能在腦中和心裡徘徊，無法為自己發聲。請相信並鼓勵孩子的選擇，這將幫助子女在交友關係中不被他人牽著走，成為主動型的孩子。

10 我只是堅持看法，你們竟說我固執？

父母的擔憂

我家孩子可說是「你的是我的，我的還是我的」的最佳案例。家人的東西自然不在話下，就連同學的東西，他也隨意拿來用。因為不經他人同意就拿來用，自然容易和同學起衝突。此外，決定事情時也會固執己見，不聽他的話就發脾氣，怎樣都不願意配合。難道是因為他是獨生子，我們太寵他才會這樣嗎？

孩子的真心話

雖然我固執己見，但也有很多同學連自己的意見都不明確，比起他們一下這樣、一下那樣，像我一樣有自己的意見更好吧？還有，如果我太堅持，那別人也繼續堅持他們的想法不就好了？不知道為什麼要一直唸我。

老師意見

通常，家裡都會對獨生子女或老么較為寬容，所以孩子的個性可能會較為固執。如果過於固執，很可能會不把同學的想法和意見當成一回事，嚴重時甚至會認為自己可以控制他人，把別人的東西當成自己的。這麼不尊重同學，最終將會失去很多朋友。

年紀還小的時候，也許還能隨心所欲的操縱他人，但隨著年紀增長，升上國、高中後，就會發現這個世界沒辦法讓他為所欲為。持續固執己見，會害同學和自己漸行漸遠。

在家裡就要確實教育孩子，懂得區別屬於和不屬於自己的東西，並教孩子不能亂碰別人的所有物。小孩子也必須明白，爸爸的、媽媽的、兄弟姊妹的東西，都有其界線，想要使用不屬於自己的東西，就要取得同意。

就算是兄弟姊妹的書或玩具，也不可以抱持著「反正就一起玩」的心態，請孩子先詢問「可以借我嗎？」、「可以玩這個嗎？」，養成經過同意後再拿來玩的習慣。

這樣教孩子所有權的概念後，自然而然就會懂得你和我的區別，也更清楚人與人之間的界線。開始認知到這點之後，小朋友自然會發現不能想幹麼就幹麼，而要考慮到別人。

固執己見不是壞事，但得有判斷場合的能力

猶太人對於口說的重視程度，不亞於傾聽。在國外，隨時提問、表達意見的風氣也很自然。然而，許多亞洲學校尤其重視傾聽，忌諱表達個人意見。

其實，固執己見不一定是壞事，也不是只有文靜、溫順、善良才值得讚賞。無論是什麼樣的情況或問題，能夠適當表達自我都很重要。

因此，我們可以先針對孩子擁有自己的想法和意見這點，好好稱讚他。然後，再告訴孩子能如何根據該狀況和周遭環境，做出適當的回應。

舉例來說，我平常喜歡穿西裝出門，但如果去爬山時，不穿爬山裝束，反倒穿襯衫、打領帶，就不太適合了；表達意見時也是一樣，要視場合、狀況、時機等，配合各種環境狀況。

如果和同學意見相左，不可以要求別人百分之百聽從自己，當一個小霸王，而應該具備判斷適合與否的能力，根據現在同學的狀況，找出適合表達己見的場所和時機。

請孩子站在對方立場想一想，對方為什麼會有這樣的意見，並讓他練習先從對方的意見中，找出值得稱讚的部分，認同對方之後，再溫和表達自己的看法。

福特汽車（Ford）創辦人亨利．福特（Henry Ford）便曾說：「成功的唯一祕訣，是去理解其他人的想法，同時站在自己和對方立場看事情。」利用相關的經典名言或金句來跟孩子討論，也是很有效的方法。

11 媽媽總是偷看我日記

父母的擔憂

我看了孩子寫的日記，他說他要向同學報仇。裡面不但寫滿髒話，還用了很嚴重的字眼，把對方寫得像是殺了親人的仇家一樣。我看了非常衝擊，他居然有這樣的想法。

平時，他也曾因為朋友而感到煩惱或是心累，但我不知道程度如此極端。我也很想知道究竟發生了什麼事情，但一想到孩子心裡該有多複雜，就覺得自己什麼忙都幫不上。

孩子的真心話

不知道為什麼媽媽要亂看我的日記，害我壓力很大。同學不經我的同意隨意拿我的東西去用，也不道歉，我媽也跟他們一樣。說到這個，不管我是不是因為同學而有壓力，我都會自己看著辦，真希望他們可以不要管我。

老師意見

任何與同學相關的事情，都可能增添孩子的壓力，只要是父母，肯定都明白這個現實。

光是一般人，就容易因朋友而感受到壓力。舉例來說，很愛計畫的人和隨興的人一起出去玩、和政治色彩不同的朋友對話、朋友找自己合租房子等，因朋友而產生壓力的原因，可是說也說不完。

那麼，孩子又可能因為同學，而產生什麼樣的壓力呢？比方說，和喜歡的同學變得疏遠、和討厭的同學坐在一起、發現同學在背後說自己壞話、成績比同學差、身高比不過他人、偏偏和不想同班的人分到同一班、同學個性太敏感、太固執、我的東西被別人亂動……他們和大人一樣，有無數種感到壓力的原因。

我在班上會靜靜觀察各個學生，推測他們在交友關係中，會因為什麼而感到有壓力，結果發現，壓力來源真的可以分成很多種。

不過，人類是社會性動物，不可能完全不受同儕壓力影響，那麼，父母能怎麼幫助子女？

首先，同理是首要之務。父母絕不能因為這是小孩子之間的問題，就覺得是小題大作。如果用「大家小時候都一樣啦」、「媽媽小時候也是這樣」、「唉唷，就為了這點事情跟同學吵架？」的方式跟孩子交談，可就大錯特錯。照這個邏輯來看，就好像老人家也可以認為家長的問題都是小事一樣。

有一些五歲小孩，甚至因為同學造成的心理創傷而去接受醫院治療，還有一個幼兒園小朋友因為討厭同學，而用剪刀剪掉對方的頭髮。**旁人能造成的壓力，不會因為年紀小就變得不重要**，父母絕對不能小看。

此外，像這樣的建議也很危險：「雖然當下因為壓力會覺得很難受，但從長遠來看，壓力將是讓你成長的原動力，其實是好事。」雖然這句話說得並沒錯，但在這個時候拿來建議孩子，等同是在火上澆油。

因此，同理才是正確解答。這個問題該讓孩子有多難受？這樣思考之後，再好好安慰他，告訴他：「原來是這樣！你一定很難受！」、「雖然爸爸沒辦法完全體會你的心情，但一想到你有多難受，爸爸就好心疼。」

雖然光是被人理解，不代表壓力就會消失，但這些同理的舉動，可以漸漸擊垮子女心中築起的高牆。

要不要承受壓力，取決於自己

想消除壓力，大致可以分兩種處理方式，第一種是不去承受，第二種是先承受、後消除。

首先，不去承受的方法，就是消除原因。舉例來說，假設因為體型矮小，被同學取笑，我們可以透過實際遠離取笑子女的同學，消除造成問題的人。

但這個辦法，有時候並不實際，像是家長很難隨意幫孩子轉學，就算對方是補習班的學生，也不能因為這樣，就不去已經繳錢的補習班。

至於第二個辦法，先承受、後消除，簡單來說，就是使用適合自己的紓壓方式，如唱歌、騎腳踏車、踢足球、看好笑的綜藝節目、聊天、吃美食等，利用各式各樣的方法慰勞承受壓力的身心。

但是，上面兩種方式都不是可以斬草除根的解決方法。雖然可以暫時排解壓力，但還是會陷入同樣的束縛之中。那麼，究竟該怎麼勸導孩子呢？

其實，面對壓力時，必須學會不躲避、去衝撞，並有智慧的正面處理。以下為三個正確的面對方式：

1. 讓孩子知道壓力無可避免

就像前面說過的，我們應該向孩子說明，未來會有各式各樣的高壓狀況，也可以分享自己在就學時期或職場生活中的經驗談。就連已經長大成人的家長，在人際關係上也會碰到困難，知道這點會讓孩子學到很多。

2. 讓孩子親口承認自己有壓力，並了解原因

究竟是同學哪個舉動或言詞，讓子女如此有負擔？為什麼孩子偏偏無法忽視那個舉動，是不是在他的心裡造成了某種程度的傷害？鼓勵小朋友用話語表達出來，才能夠客觀看待，認知到狀況的嚴重性後，才能夠面對問題。

3. 正確的處理方式，絕對不是躲避或忍耐

請針對不同壓力來源類型，給予孩子適當的指導。如果是持續被同學嘲笑，就讓他勇敢說出「不要這樣」；學會理直氣壯的拒絕，就等於邁出了面對壓力的第一步。

如果是遭到同學肢體暴力欺凌，平時就要教孩子，無論何時都可以請求周遭的幫助，要懂得尋求正當的保護。若是因為和同學個性相異而感到壓力，就請他去思考並尋找同學的優點，學習協調意見的方法。

只要學會各種壓力來源的處理方式後，要面對問題就更容易了。最後，我想介紹一個有趣的研究結果，這個研究得出的結果是，壓力並非因外在刺激而產生，而是自我創造出的心理態度導致。因此，對生命體施予壓力的外部因素被稱為「壓力源」，因為該刺激而造成我的內在反映出壓力。

隨著近來對壓力的研究越來越多，越來越多論點表示，我們認知並接受壓力的態度，比我們面臨的環境還要重要許多。請告訴孩子，**雖然施加壓力的是別人，但要不要接受壓力，可以由自己決定。**

12 我早就習慣看爸媽臉色了

父母的擔憂

我的孩子太在意同學的想法了。平常早上都起不來，自己東西也不好好準備，經常遲到，但如果朋友叫他幾點以前到，說好一起上學之類的，就會看到他一早就趕著出門。

最近他說他也想去朋友的補習班上課，要我幫他報名。我跟他說，現在的補習班和家裡近，而且老師教得不錯，以後再考慮，他卻說朋友要他一起去上課，所以他已經答應了。看著這一連串因而朋友做出的舉動，我有點擔心他是不是被同學欺負，或是被抓到什麼小辮子，才這麼看別人臉色。

孩子的真心話

其實，我最在意的是爸媽的想法，所以很常看他們的臉色。也許我已經很習慣看爸媽的臉色了，所以在學校也會習慣性的看老師臉色，在補習班就看朋友們的臉色。就算我不想去思考同學怎麼看待我，還是會不斷去想，所以我比較喜歡坐在最後面，因為坐在前面的時候，一想到可能有人看著我，就覺得做什麼都好不自在。

老師意見

在學校和經常看他人臉色的孩子聊天，總會感到心疼。對他們來說，沒有什麼提問是單純的，即便是很簡單的對話，他們也習慣從中了解對方的意圖，認為每一段對話的前提，一定是自己做錯了什麼。

「你今天有喝牛奶嗎？」因為每天送來教室的牛奶有剩，我才問學生喝過了沒，但有一個孩子卻覺得：「老師一定是認為我沒有喝，想要罵我才會這麼問。」相較之下，不看人臉色的孩子不會想這麼多，有就說有，沒有就說沒有。**看臉色的情況一多，會對孩子的個性和自尊心造成影響**。面臨選擇的岔路時，他會把自己真心藏起來，做出極度考量他人的決定。

而這類的決定累積多了，就容易產生被害意識，並且如果老是在意他人想法，看人家臉色，當需要集中注意力時就無法集中了。因為整個腦袋都在想對方會怎麼看待我，當然無法把專注力放在課業上，跟別人交談時也難以集中，會錯失很多重要的體驗。

朋友關係，不需要互看臉色

孩子老是看人家臉色，可能是受天生的氣質影響，也可能是後天受到父母高壓教育，也就是生活環境讓他習慣忍耐。

如果在同學身邊也不斷看臉色，則有可能是因為同學比較強勢、習慣看別人的臉色交朋友、覺得這麼做比較自在等。但是，朋友之間不應該這麼小心翼翼；如果是前輩、長輩、主管等關係，當然需要察言觀色，這是團體生活必備的社交能力，但朋友和上述關係不同。

此外，因為同學比較強勢，導致孩子必須看同學臉色的情況，也分為兩種，一種是同學太過強勢，讓子女不得不每天看他人臉色；另一種則是孩子自己覺得同學強勢，所以選擇看他臉色。

如果是前者，就得去找班導或該同學的父母聊聊，因為該名同學需要大人的指導。如果不去制止他，卻叫看人臉色的孩子不要去在乎，就好像給你一個破掉的甕來裝水一樣，必須先把破掉的甕補起來，才能好好裝水。

如果是後者，則要幫助孩子打破「不得不看強勢同學臉色」的刻板印象。此外，請和孩子聊聊，理解在他心中那位同學是什麼樣的存在，是不是發生了什麼事，他才會選擇看同學的臉色。

如果他也不太清楚，可以先記錄下來，詢問班導師或補習班老師。最重要的是，一定要明確告訴孩子，朋友關係是不需要互看臉色的。

看人臉色的習慣，從親子關係中萌芽

有些人交朋友時，就是習慣看別人臉色，覺得這麼做比較輕鬆。其實，在遇到問題時，如果傾向迴避，也是看臉色的一種。當然，每個人都有不同的問題解決機制，有些人習慣正面突破，直接對話，有些人選擇笑笑帶過，也有些人喜歡先充分思考、將自己的想法整理好……有各式各樣的解決辦法。

也就是說，在這麼多種方式中，小朋友選擇看人臉色。這代表他們認為這個方式有其優點，既可以了解整體氛圍，大略猜到對方的意圖，而且因為自己個性較為謹慎，所以不會出錯。但是，這並不是健康的應對方式，尤其如果從小就這樣的話，長大之後只會越來越嚴重。

假如孩子習慣看人臉色，或覺得看人家臉色比較輕鬆的話，我們必須先回過頭來觀察家庭狀況。如果我問同樣有上面案例煩惱的家長，孩子是不是經常看父母的臉色，大多都會聽到肯定的回應。

這是因為，孩子不會只看同學的臉色，而是誰的臉色都看。看人臉色的習慣，從父母那邊開始萌芽，畢竟父母是孩子出生後最常接觸、交流的人，因此，只有親子關係會對孩子和他人的關係造成如此大的影響。在改變孩子的行為之前，父母需要先檢視自己，想想自己是不是讓孩子有這方面的壓力。

如果不想讓子女看自己的臉色，最重要的，是給予始終如一的反應。現代父母接受大量知識洗禮，很容易受到眾多資訊和旁人意見影響，態度變來變去。尤其在成績上，很容易受到補習班資訊影響。

標準像蘆葦一樣隨風搖擺不定，導致孩子失去前進的方向，茫然得不知如何是好，所以小朋友最後只能一下靠這邊、一下靠那邊，不斷觀察父母的心意。此外，祖父母的干涉也可能造成影響。

父母在教育孩子時，不論他人的干涉，還是要照自己的信念去教育。就算那個方法需要走比較遠，花多一點時間，對孩子始終一致的反應會給孩子心理上的安全感，幫助他建立自己的世界觀。

對於世界觀、價值觀還沒完全成形的孩子們而言，已經體驗過人生的父母給出的建議和方向很重要。如果內在有夠堅固的標準，就不會去看他人臉色或輕易受到影響，這也同樣適用於大人身上。

如果孩子自己對言行舉止有一定的標準，就不容易受他人影響。想要建立明確的標準，必須從日常開始訓練，而訓練的起始點，就是用一致的標準和態度對待孩子的家長。

CHAPTER 2

父母看不到的情境，孩子最困擾

13 同學總用綽號取笑我

父母的擔憂

有天，孩子一直徘徊在客廳，時間都要來不及了，還不準備出門，後來聽了他的話才知道，原來是同學取笑他，所以他不想去上學。但是因為時間快來不及了，我只好先安撫他，送他去上學，而後心頭一沉，整天都無法專心做事。

孩子的真心話

同學從來沒有叫過我的本名，每次都用綽號叫我，真的好煩。主要都是班長在捉弄我，老師和爸媽都以為他乖巧又善良，但其實根本不是這樣。

老師意見

得知孩子被同學取笑的父母，會有什麼樣的心情，你能夠想像嗎？肯定是五味雜陳，既難過、生氣又心疼，不知如何是好，晚上輾轉難眠。以前，有一位家長去罵了取笑自己孩子的同學後，甚至和對方家長起了爭執。由此可知，被同學取笑絕對不是一個小問題。

被他人嘲弄，也可以大致分成兩個方向來思考，分別是親密型取笑和暴力型取笑。親密型取笑是為了變得更熟才開的玩笑，或者是因為（自認為）彼此很熟才開的玩笑，會因為這種嘲弄而受傷的孩子，通常相對心靈較為柔弱、偏內向。在這種時候，即便雙方都玩得很開心，但是更愛開玩笑的小朋友，就變成了對他人造成傷害的一方。

至於暴力型取笑，則不會在「好玩」的程度打住，反而變成暴力。如果親密型取笑會讓人生氣或不愉快，暴力型取笑則可能形成創傷。

首先，我們先來看看親密型取笑。被嘲弄時，要注意孩童的反應。根據我的觀察，最常被拿來取笑的通常是外在條件，其中最具代表性的是名字。

我帶過的學生中，如果姓氏是「卞」，就會因為發音相同，而被笑是「便器」（馬桶）或「便便先生」；姓氏是「表」的孩子，也會因為韓文發音相同而被取「豹子」這樣的綽號。除了名字之外，還有體重、身高、長相、成績、痣的位置和大小等，無論是什麼樣的東西，小朋友都能拿來取笑。

有一年，我帶到一個個子小、身材偏胖的學生，但即使他被同學們戲稱為「豬」，他也完全不介意，只當作是同學為了和他一起玩而開的玩笑，反而跟大家打成一片。

相較之下，另一名孩子因為反覆被取笑，用力拍了一下桌子，立刻站起來瞪著同學，要他們不要再這樣做，從那之後，再也沒有人敢去取笑他。

如果聽得出來是親密型取笑，我建議父母先詢問：「他們是因為討厭你才取笑你，還是因為覺得你們很熟，才這樣開玩笑呢？」

其實，孩子多少也知道真正的原因是後者，只是心裡還是感到難受，所以，請再補上這一句：「就算是為了跟你變熟才開的玩笑，如果你不喜歡，就勇敢告訴他們：『不要再這樣說了，不要取笑我！』我們一起練習看看吧。」

雙方基於親密感而開的玩笑，可以成為友誼的催化劑，然而，假如程度太超過，反而像是在玩火。請讓孩子知道，**若想調整玩笑的適當程度，不能只等著同學意識到，自己也要明確表達真正的心情。**

面對暴力型取笑，先傾聽、後蒐證

取笑的程度太過火的話，已經不只是為了好玩，甚至可能對孩子造成心理傷害，這種情況我們稱之為暴力。

嘲弄屬於言語暴力的一種，還可細分為謾罵、侮辱、脅迫、恐嚇、淫詞穢語、人身攻擊、性騷擾等，所有造成被害者傷害的言語。

一如成人可能被以公然侮辱罪（刑法）起訴，孩童也不例外，校方會召開校園暴力委員會（按：臺灣有防制校園霸凌因應小組）並採取相關措施，被害人可以透過民事訴訟要求精神慰撫金，嚴重時還可能成立刑事訴訟。

以下介紹面對暴力型取笑的處理方式：

1. 聆聽孩子傾訴被害事實，確認內容正確性

子女說出口的內容可能反反覆覆，但請不要催促他。對小朋友來說，回想被取笑的回憶就很痛苦了，還要求他要有條有理的說明，算是一種二度傷害。他們所說的內容，時間順序上可能會有些紊亂，所以替孩子諮商的大人要好好傾聽，然後運用六何原則，按照時間和事件順序整理出來時間軸。

2. 絕對不能當成小事對待

大人最常犯的失誤，就是對孩子說：「唉唷，你一個男生，這樣就……」、「同學之間本來就可能這樣啊！」聽到這些話的孩童，只會心想「原來我太敏感了」，日後就算受傷，也不懂得正確處理，只知道持續忍耐，還會認為「爸媽不在乎我的問題」，就此關上心門。

本來，孩子可能想自己解決問題，但如此一來，不僅無法正確解決，還可能導致事態變得更嚴重。因此，我們不應該站在大人的標準來判斷情況。

簡單來說，我們要以被害人為中心。在刑事案件中，會有加害者和被害者，雖然加害者的人權也不能忽視，但我們更該保護被害者的權利。為了解釋給孩子聽，我都會簡單用這句話概括：「同學說不喜歡，就是不喜歡。」

霸凌事件被通報至委員會（調查小組）時，接受調查的孩子都會說：「我不知道這麼做會對同學造成傷害，我以為只是在開玩笑。」我不知道這句話是為了減輕責罰而說的，還是真心話。

重要的是，就算對自己而言是玩笑話，但對別人來說，卻可能是無法抹滅的傷害。因此，父母也要站在因此而痛苦不已的孩子那一邊。此外，上述概念也要說明給子女聽，去同理他的心情，告訴他：「不是你太敏感，會因為這種舉動而感到難受，是很正常的事情。」

3. 蒐集證據，留下紀錄

必要時，請不要多加猶豫，立即尋求專家的協助。看到家長這副模樣，孩子才會心想：「啊，還好我有說出來。」、「原來這不只是單純的玩笑，是言語暴力。」、「有人在保護我。」、「這次一定能夠斬草除根。」不是只有希望對方受到處罰的時候，才需要蒐集證據、留下紀錄。

總的來說，無論是親密型取笑還是暴力型取笑，父母的處理方式都很重要。如果只是跟同學打打鬧鬧的方式之一，就試圖讓孩子理解；但如果是言語暴力，父母務必果斷處理。

訓練一道「必殺技」，同學從嘲弄變崇拜

如果子女無論到了哪個團體，都不斷被取笑，這時，父母可能要想想，是不是孩子的體型特別弱小？還是名字過於奇特？

經常被取笑的孩子，需要一招必殺技，也就是屬於他的長處。就算在其他領域常被其他人嘲笑，不禁感到畏縮，但至少在這個領域中，他比別人都耀眼動

人，沒人可以超越他。

舉例來說，假如在玩躲避球時，他總是能打到對手，讓很多人出局，或是擅長躲避，總是能生存到最後的話，絕對不會有人取笑他。

如果不擅長運動，會念書也有幫助；神奇的是，雖然相較於高年級，低年級的成績沒有那麼重要，但低年級的學生其實很崇拜善於上臺發表、上課態度優良的同學，不會隨意去嘲笑那樣的孩子。除此之外，摺紙、閱讀、整理東西、畫畫、演奏樂器等，這些專長都可以成為小朋友的必殺技。

只要培養一個專屬於孩子的必殺技，不僅別人不敢瞧不起他，孩子自己的自尊感也會提升很多。而且，只要努力在某個領域做到好，在其他領域的表現自然也會越來越優秀。

14 大人可以化妝和喝酒，為什麼我不行

父母的擔憂

我的孩子對大人做的事情很感興趣，最近甚至會開始模仿。不知道從何時開始，她會擦口紅、化妝，我還以為她是偷偷用我的化妝品，後來才發現那是她不知道從哪買來的。

她把化妝品放在包包裡，每天帶在身上；一開始我真的很驚訝，一直到去接她放學時，看到和她一起走出來的孩子們，我才明白，原來現在的小朋友都在用同樣的化妝品。

孩子的真心話

化妝不好的話，媽媽為什麼每天化妝？喝酒不好的話，爸爸為什麼三天兩頭就醉醺醺的回家？我不懂為什麼大人做就可以，小朋友做就不行。如果是因為對身體不好，那為什麼大人就可以做？

老師意見

我不建議父母去壓抑孩子對禁忌領域的好奇心。我自己在帶高年級的時候，也把這當成重要的指導領域，我會和學生一起討論、訂定班級公約，讓孩子能自發性的遵守約定，並設立他們認為合理的獎懲機制。

首先，父母必須理解，小孩子對化妝、色情影片、菸酒等事物感興趣，是很自然的現象。不是因為孩子有問題、走上歹路，而是因為他們正處於急速長大的過渡期，也就是青春期，所以自然會對於禁忌領域出現好奇心。

有一個心理學理論叫「禁果效應」，指的就是越被禁止的事情，反而讓人越想去做。所以，即便是禁忌領域，也不能強迫他們遠離，我們必須接受這種好奇心，並好好跟孩子說明「為什麼這是禁忌」。幫孩子解開他的好奇心之後，教育效果也會更好。

舉例來說，小朋友經常會看到媽媽化妝，不僅是女兒，兒子對媽媽每天在做的事也會感到好奇。那麼，要怎麼告訴孩童，學生不能化妝呢？

第一，如果用刺激性的化妝品，塗在細嫩的皮膚上，皮膚很快就會受損。我們可以這麼說：「媽媽從二十歲開始化妝，到現在差不多〇〇年。但是，我現在和以前不一樣了，如果不用比較好的化妝品，皮膚會受不了。你如果從十歲就開始化妝，到了媽媽這個年紀，皮膚會變得怎麼樣？」透過這樣的對話，讓孩子自己去思考看看。

第二，身為學生，化妝會妨礙到學生該做的事情。化了妝就得不斷補妝，吃完飯除了要重新補嘴巴周圍的粉底，也要補唇妝。到了夏天，妝容會因為流汗而暈開，弄得比不化妝還髒，對要上體育課的學生來說，更是一大妨礙因素。

此外，為了確認自己的眼線或睫毛膏有沒有暈開，很多孩子看鏡子的時間比看書還久，容易把用功的時間挪作他用，成績越來越差。

不過，就算說了這麼多，有些孩子還是想化妝，況且，YouTube 和社群網站上都可以找到教學影片，叫他們不要化，就能打消他們的念頭嗎？我看反倒會讓他們更想做吧！

所以，如果子女還是想化妝，那就退而求其次，教孩子一些美妝相關的基本知識，像是基本的保養步驟，如擦化妝水、乳液、防晒乳。此外，在室內也可以擦防晒乳、上口紅前，先擦護脣膏才不會乾燥、眼線要盡量畫在眼皮而非外眼角上、粉底抹得輕薄，妝感才服貼……這些小技巧，對子女的未來也很有幫助。

對不良嗜好感到好奇，其實很正常

對性感到好奇是很自然的現象。兒童在第一性徵後，就會慢慢發育出第二性徵，因此，對異性的身體或性關係感到好奇，也是理所當然的事。

這時，家長可以告訴孩子，會感興趣很正常，不需要特別隱藏起來，也不需要感到害羞。但同時，也要清楚說明為什麼不應該看色情影片。其中最大的原因，就是那些影片通常過於誇大、煽情，畫面裡的人都是演員，影片中並沒有愛，也沒有真心，和實際的性關係相比，非常不現實、過於辛辣。

如果經常接觸不真實的事物，就容易搞混現實和虛擬，不知道什麼是真的、什麼是假的。此外，倘若老是在性方面追求樂趣，未來會更難戒掉，所以，父母必須守住底線，讓孩子對色情照片或影片等媒體保有正確認知；也可以事先在電腦和智慧型手機上，安裝限制不宜內容的應用程式。

除了色情影片，抽菸、喝酒其實和化妝一樣，都是孩子經常看到的舉動。不僅父母和其他大人會這麼做，連電影和電視劇中也經常出現。

抽菸和喝酒的共同點是都會上癮，一旦陷入就很難戒掉。一開始基於好奇而嘗試，再一次、再一點、多一些，到後來，需要的刺激越來越大，就變得離不開菸和酒了。

對某件事物成癮後，就會依賴，變成沒有那個東西，生活就無法運轉。在碰到問題、負面情緒湧上心頭時，我們必須靠自己的意志力積極解決，但成癮的人只會轉而尋求菸酒的慰藉。所以，沉醉於菸酒的人容易失去理性，在無意間傷害到自己或他人；而且，這些癮君子以前大概都曾說過這樣的話：「我沒有那麼誇張啦，我才不會走到那個地步！」

此外，菸酒不僅會讓人喪失自制力，對身體的負面影響更不在話下。請讓孩子知道有哪些負面影響，並警告這兩件事物的危險性。當然，父母親也要注意自己在孩子面前的行為舉止。

跟朋友在一起時，更容易逞英雄

孩子和朋友在一起時，更容易做出危險行為，這就跟逞英雄的心態一樣，**自己一個人絕對不會做的舉動，在很多人面前反而願意去做**。

就算知道化妝、看色情影片、抽菸、喝酒是不好的行為，但如果朋友做了，他們很可能會一起參與。因為子女會害怕朋友笑他膽小，也會覺得既然朋友都做了，應該沒什麼大不了，或是為了交朋友而跟著模仿。

遇到這種情況，我們無法只保護自己孩子遠離這些危險，最好讓孩子和孩子的朋友都接受正確的教導。我建議和其他學生家長、班導師一起腦力激盪，參考前面介紹的教育方式去教導孩子。

總而言之，我當然不建議青少年化妝、看色情影片、抽菸、喝酒，但**如果孩子好奇，父母不能只是一味的排斥，也要適當的滿足他們的好奇心**，如此一來，才能讓他們明白對錯，自發性的遠離。

15 我不怎麼討厭○○，但同學都說他壞話

父母的擔憂

我家孩子會跟朋友在背後説別人的壞話。之前，我聽到他講平常很要好的同學的壞話，嚇了我一跳，但我覺得他不是真的討厭對方，而是為了打進某個朋友圈，所以刻意跟著那些人一起罵。常聽説女生會輪流排擠別人，看來這次剛好輪到那位同學了。

不過，這麼一來，會不會哪天換我家孩子被排擠？我希望子女可以不要做這種錯誤行為。

孩子的真心話

朋友們不知道哪時候開始，變得很討厭〇〇。我不怎麼討厭他，因為他家跟我家在同一個方向，放學也常常一起走，很聊得來。但是朋友常常告訴我〇〇做錯了什麼，不知不覺間，我也開始說起了那個人的壞話。

老師意見

孩子會在背後說別人壞話嗎？當然！教室是一個小型社會，有時比大人的世界還錯綜複雜。

除了私下講悄悄話之外，也會用手機另創群組，在當事人不知道的情況下，大聊別人的事情。如果問他們為什麼討厭某個同學，很多孩子會回答，是因為那個同學在背後說他壞話。

那麼，小朋友為什麼要這麼做呢？其實跟大人一樣。第一個原因，是因為有趣；就像大人常說，聊八卦本來就很有趣，再加上偷偷講，就更有趣了。

第二，是為了紓壓。有人跟我一起罵我討厭的人，既紓壓、又有替代性的滿足感。第三，可以增進彼此的親密感；簡單來說，就是為了打入小圈圈、為了存活、不變成邊緣人，所以在背後說別人壞話。

其實，為了好玩和紓壓（第一種、第二種原因）而說壞話的狀況相對較少。如果遇到這種情況，只要確實告訴孩子為什麼不能這樣做，並給他另一種正確的紓壓方式即可。但事實上，孩童主要都是為了第三個原因，也就是為了打進小圈圈，才會在背後說人壞話。

身為小學老師，常常有學生來跟我告狀。聽完他們所說的內容，我不會說他們的說詞是對的或錯的，因為那明顯是他們對別人的批評。

只是，批評他人本身並不可怕，而是當評語變成流言蜚語時，大家會在不清楚事實的情況下加油添醋，變出不屬實的故事。這些故事到處流傳，就會害故事主角被孤立。我們常說流言蜚語會害死人，而這些閒話同樣可能演變成排擠、霸凌或集體暴力，所以家長要告訴孩子這件事的嚴重性。

此外，在背後說人閒話和謾罵，屬於言語、精神層面的校園暴力，嚴重時可能必須承受相關處置。

透過說壞話形成的友誼，如同散沙

孩子通常都會和差不多類型的朋友聚在一起，在班上可以觀察到，個性或氣質類似的同學，都會形成一個圈圈。換句話說，表示他們要有共同點，才會聚在一起，而那個共同點可能是成績、興趣、習慣、喜好、價值觀、生活環境、補習班等。如果沒有共同點，就很難打成一片，尤其，已經建立起來的小團體不太會接受新成員，所以如果沒有共同點，就容易被排擠在外；因此，許多孩子會勉強去製造出共同點。

想要創造共同點，最簡單又輕鬆的方法，就是一起在背後說別人壞話。也就是說，**說壞話是交朋友的工具之一**。只要一起討厭某個人，一起罵他、說他的壞話就能創造共同點，真的是很輕鬆的方法。簡單來說，我們可以把說壞話想成是獲得共同點的墊腳石。

然而，這並不是建立友誼的好方法。健康的交友方式，包括帶著笑容打招呼、問候他人、分享自己喜歡的事物、傾聽朋友心事、稱讚對方等，我們可以告訴孩子健康的交友方式，也要讓他知道，**透過在人家背後說壞話而形成的關係，就像散沙一樣，容易隨風消逝**。

家長要打破孩童的錯誤觀念，讓他知道，即使不講壞話，還是交得到朋友，讓他們用健康的方式建立友誼。想達到這點，我們可以讓子女比較，愛在背後說閒話的同學和不說閒話的同學，他更相信誰、更願意跟哪種同學說祕密、想跟誰做朋友。

接著，再告訴小朋友：「你喜歡不會在人家背後說壞話的同學，對吧？其他人也一樣，你不用去說人家的閒話，大家還是會因為你的個性而喜歡你。」

其實，不去講人家壞話的老實人，周圍會吸引很多朋友。在背後說人壞話，最終會把自己變成一個不值得信賴的人，是個惡性循環，因為一起在背後說人壞話的人，也會擔心哪天輪到自己變成話題主角。相反的，不去參與這種事的人，就不需要擔心哪天會輪到自己。

假如孩子發現朋友開始講別人壞話，感到困擾時，父母則要教他這麼說：「我們知道的不一定是事實。」、「我們知道的可能不是事情的全貌。」、「不要在當事人不在的情況下，講同學的事吧！」兒時交友的方式，會一路延續到出社會之後，所以更該讓小朋友學會健全的交友方式。

如果以上這些話都不管用，就得好好想想，是不是該離開那群朋友，去尋找健康的朋友圈。

想怎麼被對待，就要怎麼待人

如果孩子習慣在背後說人壞話，就必須積極改正。請告訴孩子，絕對不能誹謗他人，尤其是偷偷談論在當事人面前不敢說的話，更加卑鄙。

「跟你說哦，這是祕密……。」像這樣的話語傳來傳去，最終都會傳到當事人耳中，造成無法挽回的重大傷害。

我們可以要求孩子站在他人角度思考看看，如果今天我是那個人會怎麼樣。就算是別人在講閒話，自己只是剛好在場，也要讓流言止於智者。告訴孩子，不要去散播別人說過的負面內容，讓子女去看同學的優點而非缺點，如果孩子也不怎麼喜歡那個人，那乾脆不要提起關於那個同學的任何事。

希望別人怎麼對自己，自己就要怎麼對待別人。如果不希望別人在背後說自己的壞話，那自己也不應該這麼做。

一段沒能建立在健康基礎上的關係，最終仍將崩壞。一開始，大家說壞話都說得很開心，但是這樣的關係底下，卻埋藏著「有一天可能會輪到我」的不安感，如此一來，便無法建立真正有意義的關係。

要形成朋友之間的信任並不簡單，我們沒辦法在一盤散沙上蓋出堅固的城堡，一開始就擁有健康的地基，才能建立起穩固的大樓。請告訴孩子，藉由在背後說壞話形成的關係，最後仍逃不了崩壞的命運，並替孩子加油，現在仍為時不晚，重新在健康的基礎上，打造一段嶄新的關係吧！

16 跟同學吵架很丟臉嗎？

父母的擔憂

我家孩子的綽號是「鬥雞」，因為他一天到晚在學校跟同學吵架。我都丟臉到抬不起頭了，他卻覺得這個綽號很棒，讓我不知道該怎麼辦。

孩子的真心話

一想到和同學發生的事情，我就覺得生氣。他們都覺得自己是對的，真希望我的年紀比他們還大，這樣我就可以好好教訓他們。只要我在學校吵架，爸媽、老師、同學都會攔我，唉！他們都不懂我的心情。

老師意見

所有的爭執都有原因，而那些原因中，也會有著共同之處，只要把原因都記錄下來並分析，就可以明白為什麼孩子經常吵架了。

有些學生一天到晚都在跟同學吵架，我帶過的小朋友當中，有一個旻國的孩子就是這樣的人。同學之間甚至會說，旻國根本是為了吵架才來上學的，他除了和自己討厭的人吵架之外，也和阻攔他的同學起爭執，在旁邊看熱鬧的同學也不在話下；更誇張的是，連試圖了解事情來龍去脈的老師也可以跟他吵起來。

旻國什麼都可以吵，讓人不得不好奇：「他到底為什麼要吵架？」、「難道真的是為了吵架才來上學嗎？」、「導火線究竟在哪裡？」

後來，我回去看每次吵架時記錄下來的教師日誌，找出了爭執的共同點。原來，每次他覺得自己被拒絕時，就會發火，所以他經常和意見不合的同學吵架。某天小組活動時，大家在討論最有效果的方法，旻國也提出了他的意見，結果某個同學提出合理的理由反對他，我就有預感了：「啊！旻國又要爆炸了，三、

二、一……！」

旻國的腦中，就像內建了一個演算法，認為「拒絕就表示看不起我，所以我要以憤怒對抗」。最後，我總算讓他明白，同學的拒絕不代表拒絕他這個人。雖然花了很長一段時間，但是明白原因後，其實並不算太難處理。

了解孩子經常吵架的原因後，就要對症下藥。明明原因不在這裡，還一直往八竿子打不著的地方去找，只會徒增雙方的疲憊感。先好好觀察吵架前、吵架時和吵架後的狀態，就可以發現孩子心態轉變的時間點；如果子女經常吵架的話，那就更容易發現了。

請試著了解孩子主要是因為什麼而不開心，有哪些領域是他的地雷，被觸碰到就會情緒爆發，這也是父母更進一步理解孩子的機會。

「我生氣了」，背後的意思是「請關心我」

頻繁吵架的孩子，大部分內心都有傷口。讓孩童生氣的事情，很有可能是過去曾經受過嚴重傷害的回憶，或是在不穩定的家庭背景下，藉由在外面吵架來抒發的情況也很多。因為孩子情緒不穩、感到不安，所以像刺蝟一樣，容易用尖刺來保護自己。

以校園情況來舉例，內心不安、自卑的孩子，可能會把這種心情用不好聽的話語、髒字、暴力行為表現出來。他們為了防禦自我，所以選擇主動出擊。在同齡人之中體型較柔弱的孩子，也可能因為怕看起來好欺負，選擇先讓自己戴上攻擊性的面具。

小朋友之所以個性帶刺，背後都有其原因，雖然乍看之下只是愛吵架，但其實，孩子的內心可能既柔弱又帶著傷痛。與其去罵他、壓抑他的尖銳性格，請給他一個溫暖的擁抱。當他的心靈也感受到溫柔的撫慰時，爭執就會慢慢減少。

請把他的「我生氣了」，當作是「請關心我」。斥責、嘮叨、訓誡，沒辦法卸下孩子的武裝，請改用「發生什麼事了？」、「沒事嗎？」、「你感覺怎麼樣？」等溫暖的言語詢問子女。就算你覺得這麼說很困難，也請忍耐一下，嘗試五次就好！也許在集滿五次之前，孩子的生氣幅度就會大幅減少。

在孩童的成長過程中，衝突是不可避免的，重要的是用健康方式去解決。經常爭執的孩子，大多都不知道解決衝突的方式，請讓子女知道，發生衝突很正常，並傳授解決衝突的訣竅給他們。

17 我沒有「假會」，我是真的很會

父母的擔憂

說起我家孩子，他總會把「我超優秀」、「那個人很笨」的想法明顯的寫在臉上。雖然比起沒信心的態度，有自信當然更好，但我還是很擔心他會因此而被同學討厭。況且，優秀的人到處都是，我擔心這樣自滿的態度，會讓他以後吃上大虧。

孩子的真心話

不管要跟同學一起做什麼事，都要花上好長一段時間，好煩哦！乾脆我自己來，一下子就做完了。如果要做小組作業，就要大家聚在一起想點子、買材料、花時間見面，還要寫報告，多麻煩啊！而且不是只有我這樣想，所以我都自己做完再帶去。同學們不會覺得我自以為是，他們也喜歡我這樣做！而且，我不是在裝會，是真的很會。

老師意見

喜歡裝會的孩子，通常有一個特徵，他們認為自己跟其他同學層次不同，而且總是認為自己的選擇和判斷正確，其他人都是錯的。

在學校內，這類孩子在獨自進行的活動中，通常成績都很不錯，但只要碰上必須和他人一起進行的合作活動，就感到十分困擾，經常和同學引發衝突，因此常表示想自己做。

我們不能只想著自己要長成一棵茂密的樹，而是要成為許多樹木一同交織而成的樹林。單獨一棵樹，碰到天災時很快就會被強風連根拔起；但是，一棵樹雖然脆弱，樹木之間根部錯綜複雜，形成茂密的森林後，即便碰到土石流或大水，也能輕鬆挺過去。

盡量多提供孩子可以團體行動的機會，而非只有單打獨鬥的活動。有些運動需要運用合作精神，像是足球、棒球、足壘球、排球等，還有可訓練規律、具強制性的童軍團等青少年團體活動，讓孩子體會和大家一起相處的喜悅吧！

從自己的缺點，看出別人如何接納我

愛裝得什麼都會的孩子，大多喜歡放大同學的缺點，正是因為忙著找人家的缺點，所以才看不見優點。如果只去注意對方的短處，就會失去向他人學習的機會，因此，孩童會覺得自己最優秀。

這時，他們需要另一種視角去注意同學們的優點。不要去嫌棄同學身材肥胖，而要想他不偏食，很會吃；不要去想同學個子矮小，所以一定弱不禁風，而要想他也許是短小幹練；不要去想同學不會念書，真笨，而要好奇「他一定知道很多好玩的遊戲」。

我們可以從尋找同學的優點並給予稱讚開始，一直練習到自己的稱讚不再虛假又制式，而是可以帶有真心為止。同時，也可以找找自己的缺點，畢竟沒有人是完美的，若能明白自己的缺點，就會看見同學們是如何接納自己的，藉這個機會，孩子也可以學會接納他人。

最重要的是，父母也要真心稱讚子女，找出子女的優點。孩子都希望大家覺得自己最棒，他們需要獲得家長充分的認可，有些孩子覺得自己比其他人更厲害、更優秀，想要成為重要的人，也可能是起於極度想要獲得父母的認可。

我們可以請小朋友設身處地思考，要是其他同學像我一樣，在我面前裝得很厲害或小看我，那自己會有什麼樣的心情？如果所有人講話時的語氣，都一副自己很厲害，會怎麼樣？喜歡用這種方式說話，最後其他人都會覺得不舒服，那就遠離這種人吧！透過角色扮演，讓他們用對方的立場思考，去感受不同心態，反問他們：「你覺得怎麼樣？」孩子便能反省自己的行為。

可以和孩子一起閱讀繪本《彩虹魚》（*The Rainbow Fish*），內容講述一隻身上有很多閃亮鱗片的魚，到處炫耀自己的外表，最後失去了所有朋友。後來，牠把漂亮的鱗片一片片送給朋友，大家都變得很開心。

這本書帶給我們的教訓是，如果瞧不起不比自己優秀的人，只想自己獨占好東西，最後反倒會害自己陷入泥淖之中。

18 明明是我被欺負，卻沒人站我這邊

父母的擔憂

我家孩子被同學欺負了，實在很令人難過。自己的孩子碰上這種事，我既慌張又無助，深怕做錯什麼，不敢再向前邁步。就連去問孩子事情的真相都覺得困難，我不想再去碰他的傷口，很想就此把事情粉飾過去。

孩子的真心話

裝作什麼事都沒有，實在很難受。我不知道爸媽究竟是知道、還是不知道，或者是知情卻裝作沒事。我覺得好像沒有人站在我這邊，到哪我都是一個人。我

真的很想倚靠某個人，真希望誰能站在我這邊、幫助我，但因為怕事情越鬧越大，所以我什麼也沒做。

老師意見

被欺負、被排擠、霸凌的問題，不僅家長，教師和孩子也非常注意。這個問題非常容易形成創傷，也會為孩子帶來很大的痛苦，如果你認為孩子被霸凌了，要立刻仔細關心孩子的心情和狀態。家長也必須明白，這不是該由自己解決、掩飾過去的問題，而應該和校方或相關單位一起解決。

孩子已經很受傷，心裡很痛了，父母肯定也非常心碎。這時，父母要扮演起照顧孩子的角色，讓孩子的心別再受傷，好好癒合。**站在孩子的立場一起心痛、難過、生氣，對孩子並不會有太大的幫助**。相對的，**家長應該要擔任讓孩子能夠倚靠的角色**。

小朋友現在飽受疏離感、不安、憤怒、憂鬱、迴避、自暴自棄、挫敗感、被害意識等負面情感影響，請先照顧他的身心，再幫他解決狀況。

簡單來說，最需要父母積極幫助的就是孩子的心，用「沒關係」、「一切都會好起來的」、「很難受吧？」、「我會幫你」、「你是珍貴的孩子」等話語，溫暖擁抱子女吧！

在解決這個問題的過程中，別讓他們再因為父母而受到二次傷害。別因為父母自己的自責、愧疚、難過等情緒，而對孩子發脾氣，也要注意，不要出現煩躁的表情，或表現出這沒什麼大不了的態度。爸媽對自己的問題表現出負面反應，會讓孩子認為家庭不是安全的避風港。家庭和父母應是孩子的堡壘，堡壘如果淪陷，孩子就無處可去了。

也許解決問題會花上很長一段時間，所以家長務必要下定決心，把孩子的心放在第一位。最重要的是，我們要告訴小朋友，他們是多重要的人；被欺負的孩子容易認為，他這輩子都必須活在被欺負的世界中，所以常陷入「沒有人愛我」的負面想法之中。

那是一個很難逃出的泥淖，所以才會有孩子做出極端又無法挽回的選擇。我們作為父母，一定要先照顧孩子低落的自尊心，持續表達父母的愛。

保持客觀，但也要讓子女知道：「我站在你這邊。」

我們要了解孩子究竟是從什麼時候、在哪裡、怎麼樣、被持續欺負多久，以及有多頻繁。但是，不可以使用追根究柢的問法。為了撫慰孩子的心靈，家長必須和子女慢慢一點一點的回憶案發現場，這個過程可能不會在一、兩個小時內結束，所以要抱持著耐性和平常心。

這時要注意，孩子是否有刻意將某些情節簡單略過、有沒有開不了口的部分、有沒有把情況說得對自己比較有利；除了自己孩子的說法之外，也要參考和這件事相關的同學、教師或周遭大人的說詞。

孩子自然會以自己為中心訴說事件，或是因為害怕而把部分情節程度壓低。因此，家長得站在客觀立場去了解情況。在了解事情的過程中，留下紀錄、錄音檔等證據也是聰明的做法。

我的孩子的意見可能和別人不同，但此時重要的是讓孩子相信父母站在自己這一邊。**父母的角色並不是法官，不是要判斷對或錯，而是專屬孩子唯一的辯護律師。**

處理方式有很多種，從互相簡單道歉，到經過校內的校園暴力委員會，甚至校外機關調解都有。這個過程的重點是要和孩子一起討論，了解孩子希望如何解決這個狀況，請讓孩子可以自發性的一同參與此過程。

很多時候，解決問題到最後，卻演變成是給爸媽洩憤的場合，也有的父母不想讓別人知道，希望把事情掩埋起來。所以，決定該如何解決問題時，請一再提醒自己，事情的軸心應該是孩子本人。他的心意和想法很重要，即使他想的和父母不同，也請多加考量孩子的意見。

19 同學嫌我碎唸，但我只想告訴他更好的方法呀

父母的擔憂

我家孩子又不是班級幹部，卻喜歡指示同學們該怎麼做。就算是班長、副班長叫同學做，大家都不愛聽了，我家孩子明明不是幹部，還喜歡指使別人。要是他這樣下去，我很擔心最後會和同學吵起來。

孩子的真心話

我們在準備作品展要用的美術作品。我都已經做完了，同學卻還沒做好，所以我才告訴他要怎麼做。雖然同學們平常都說我很愛碎碎唸，所以本來打算忍住

不說，但明明有快速又方便的方法，他們卻不知道，我真的看不下去了，只好說出來。

老師意見

孩童會有這樣的舉動，很可能源自於父母的行為舉止。請先想想，自己在家裡是否經常嘮叨孩子？孩子自然會覺得，反覆說同樣的事情就是嘮叨。

通常，父母親一開始會用比較中立的語氣跟孩子說話，但是當孩子的行為沒有改善時，就會開始反覆說同樣的事情。而當這樣的行為變成嘮叨之後，話語中就會開始摻雜情緒，變得不耐煩、憤怒、生氣。

因為孩子很容易模仿父母的言語模式，所以，請家長先回想自己的情況，藉這個機會和孩子一起做出改變。

嘮叨是上對下，朋友是對等關係

簡單來說，嘮叨是用來罵別人、多管閒事的話語，但朋友卻是一種互相幫忙、給予建議的關係；嘮叨是給對方打分數的方式，也就是用我的標準去衡量對方，而朋友之間不需要拿標準來衡量；嘮叨主要是上對下的語氣，但朋友之間則是對等關係；嘮叨會讓人不開心，朋友則不是需要讓對方不開心的關係，這樣的關係就不叫朋友了。

因此，我們可以像這樣，用比較的方式向孩子說明，嘮叨並不是朋友之間該說的話。

其實，在對他人嘮叨的時候，隱含著「希望你照我的意思做」的意思，包含了控制欲。然而，這樣並不能激發對方改變行為的動機，畢竟，做父母的唸了這麼多，難道就真的讓孩子改變了嗎？並沒有，即使有了變化，心裡也會累積反抗的敵意。反覆的嘮叨不能帶來正面的變化，表示嘮叨是錯誤的教育方式。

相較之下，如果是為了對方著想，我們應該要多多「建議」他人。若是真的為同學著想，就讓他去建議同學。他若不是為同學著想，只是愛抱怨，就請他不要這麼做。

孩子會對同學嘮叨，通常表示他看到同學不如自己、做得太慢的部分，這時，我們可以請孩童不要光用嘴巴叫同學做，而是親自用行動給予幫助。

與其說「你連這都不會？」，應該說「也許這部分你特別不擅長，我可以幫你嗎？」，直接提供幫助，以行動去干涉。那麼，同學就不會覺得他很煩，反而會感謝孩子的幫忙。

20 又不是只有我欺負他，大家都討厭他

父母的擔憂

我家孩子嗓門大、體型大，個性也很豪爽，我本來以為這些都是優點。不過，他和同學一起玩的時候，不管是什麼東西，都要最先挑選，還老是叫同學去做東做西。

到這邊我都還能往好處想，也許他只是比較貪心一點，而且比較有領導能力，但是他的程度好像有點太過頭了，害其他同學感覺很不舒服。在他變成更壞的孩子之前，我應該要好好管教他，卻不知道該從何做起。

孩子的真心話

不是只有我欺負那個人，而是大家都討厭他。而且，我不覺得我是在欺負他，我的行為已經算程度適當了！那個人是真的應該被這樣對待，爸媽根本不懂，只說我在欺負同學。

老師意見

「為什麼排擠同學？」

關於這個問題，有很多機關做過調查，而分析結果令人相當吃驚，首要的原因包含：沒有為什麼（沒什麼特別意思，就是做了，而且不知道其嚴重性）、好玩（被害學生的反應很有趣，不懂得解讀不喜歡的語氣或表情、內心想法）、覺得很煩（壓力很大，卻沒有紓壓的辦法）、不知道（辯解、不懂被害學生會有多痛苦）、覺得人家瞧不起他（認為他要比別人更厲害的比較心態）。

父母可以先和孩子聊聊，他這麼做的原因究竟是什麼，並告訴他，就算他的言行舉止沒有特別的理由，也會害同學產生相當嚴重的痛苦。

韓國有句俗話說：「隨手丟的一塊石頭，可能奪走一隻青蛙的性命。」我所做的算不算是欺負人、排擠人，並不是我來判斷，而是當對方認為受傷了，就是受傷。家長務必要讓小朋友知道，無論在什麼情況下，傷害對方都是不對的；無論是用言語還是行為，這都會養成習慣，而當這個習慣不斷持續下去，問題就會變得更大。

如果發生了不開心的事情，就應該透過對話解決。排擠或霸凌同學的行為，只會使更多受害者誕生，變成惡性循環，如滾雪球般一發不可收拾。

有研究結果指出，**曾是校園暴力加害者的學生，更容易變成被害者，而曾是被害者的學生，變成加害者的機率亦相當高**。這表示，讓別人傷心的人，最終自己也很有可能自食惡果。

此外，儘管孩子是加害者，也需要多多和他對話。也許孩子心中也有意料之外的傷口，當下的情況也可能是逼不得已。無論如何，意識到自己做錯事情之後，就應該立馬打住，而**充分的對話溝通，就是反省的第一步**。

如果父母親得知自己的孩子欺負了誰，一定要追究責任。無論欺負人的理由是什麼、當下的想法為何，都要讓他先去道歉、求得原諒。任誰都必須為自己犯下的錯付出代價，對自己做的行為負起責任，如果父母知道子女做錯了事，還草草帶過，孩子可能會認為就算反覆犯同樣的過錯也沒關係。

因此，一定要斥責孩子，讓他去跟對方賠罪，直到對方原諒他為止。最好的情況是他自己去找對方尋求原諒，而為了機會教育，父母一同前往也是不錯的方式，這樣他會明白，**不僅我必須為自己的行為負責，甚至會連帶影響到爸媽**。

只有經歷過這樣的道歉過程，才能夠挽回孩子錯誤的價值觀。而在那之後，也別忘了安撫孩子的心。

透過親子共讀，培養換位思考能力

同理心，就是理解對方心意的能力，為了我們珍視的人，我們都必須具備同理心。人類是群居動物，不能不顧他人的感受，只顧自己過得快活。在校園中也能觀察到，懂得理解他人感受的學生最受歡迎；老是以自己為中心的學生，周圍通常沒有朋友圍繞，總是像獨行俠一樣。

小孩子最常以直覺來交朋友，所以，沒有同理心的孩子自然會被其他人排除在外。所以，一定要培養孩子的同理心。

基本上，**同理心就是換位思考的態度**，等於站在對方立場思考，懂得對方是怎麼想的、現在的心情應該怎麼樣。藉由角色扮演遊戲，我們可以讓子女站在當事人立場的方式，去體會其他人的心情。

此外，閱讀活動後，一起分享心得也是很不錯的方式，我們可以問問孩子：「在這個狀況下，○○的心情會怎麼樣？」、「為什麼○○很難過？」

我帶過的孩子中，有一個認知能力非常好、很會念書的學生，但他在閱讀國文課本上的文章後，告訴我他無法理解主角的心情。一開始我以為，那是因為他已經在補習班預習過了，所以才沒有什麼深刻的感受。後來，透過某項檢查我才發現，那個孩子的同理能力發展落後。這讓我再次體會到，原來**同理心和認知能**

力不一定成正比。

既然已經度過了自我中心的幼兒時期，那就應該培養孩子站在他人立場思考的成熟態度。閱讀故事情節圍繞在主角身上的圖書，一起聊聊主角的心情狀態，這樣的讀書方式，可以有效培養孩子同理心。

21 我沒有怪朋友，只想說明事情原委

父母的擔憂

我家孩子很習慣什麼都怪別人，所有事情都怪在朋友身上。他不遵守約定時間、很晚回家，就說是因為朋友吵著要一起玩；問他為什麼沒寫作業，則說是朋友告訴他不做也沒關係。

我問任何事的原因，他都說是因為朋友或其他人，但我還是會先順著他的話講，因為就算知道他在說謊，當下也沒辦法一件一件事跟他辯，而且，如果一項一項去爭，又怕他覺得我不相信他。有時候又覺得，是不是因為我一直問，孩子才會習慣怪罪他人。

孩子的真心話

我一直怪朋友？我不過是說出事情的真相罷了。這不是在怪朋友，只是說明事情的來龍去脈而已。當然，有時候我也會不自覺的把別人當成擋箭牌，但真的不是故意說謊的，只是不小心脫口而出罷了。

老師意見

愛怪罪同學的孩子，在校園中是相當常見的光景。傾向比較嚴重的孩子，幾乎把「都是因為你」、「是因為〇〇同學」這種話當成口頭禪。

身為班導師的我，有一次只是因為好奇下課時間的事情，問了某個學生，但他卻馬上做出「不是我，是某某同學」的反應。一被我搭話，那個孩子腦中立刻就想著：「老師一定覺得我是始作俑者，才會這樣問。」

後來，這個孩子和同學起了衝突，我找他過來談談，得知他們是因為玩遊戲玩到一半意見不合。通常，這種情況只要由老師介入就能輕鬆解決，因為下課時間很短暫，大家都想把握時間趕緊玩，所以大抵會趕快認錯後回去。

他們都很清楚自己錯在哪，也知道這不是很嚴重的狀況，但是，那天的對話卻沒能輕易告一段落，因為這個孩子認為所有責任都在同學身上，非常堅持始作俑者不是自己。

後來，這類事情反覆發生，所以過了新學期適應期間後，當初和他一起玩的同學都不想跟他有任何接觸，不僅保持很遠的距離，連聊個天都不想，因為無論大小事，他都想怪在他人頭上，然後去跟老師告狀。結果，同學之間還給這個孩子取了說謊精、賴皮鬼、抓耙子的綽號。

用寫的、用演的，教孩子學會認錯

遇到這種情況，父母最該做的就是教孩子該如何誠實認錯。什麼都去怪別人，有很多原因，小朋友可能是想掩飾自己犯的錯誤，也可能是因為生氣，或是覺得如果不怪別人，就像是自己輸了，顯得很軟弱。

此外，也可能是因為孩子還不會客觀檢視狀況。如果是這類型的孩子，出現問題時，可以讓他用文字把事情發生的前後狀況寫下來。藉由文字，孩童能夠客觀看待事發現場，透過比較自己和對方所寫的敘述，藉此練習該如何客觀檢視事情對錯。

不過，通常愛怪別人的孩子，也善於扭曲事實，那麼，就要先培養他確實了解問題真相、分辨是非的能力。

想讓子女看待事情本質，我們可以嘗試以下方法：一、站在對方立場，以角色扮演的方式換位思考；二、在有劇本的狀況下，將對方臺詞挖空，讓孩子自己填入；三、讓孩子扮演老師或父母，擔任衝突狀況的公正仲裁者。

透過這類活動，可以消除自我中心的視角，練習用第三者的視角檢視狀況。

把責任轉嫁到他人身上，一開始很簡單、很輕鬆，但是反覆一、兩次後，就會養成習慣，到後來甚至會不知不覺的怪起別人。因此，請務必和孩子一起練習，如果孩子好好遵守約定，就用讚美、擁抱、貼紙、美食等給予充分獎勵。獎勵會帶來正面強化力量，發揮更大的效果。

直接跟當事人溝通

很多小朋友不知道，若想解決問題就要和當事人溝通。如此每次發生問題都要找老師告狀，實在不是理想的解決方式。

請孩子想一想，自己可以做到的有什麼。就像紅綠燈一樣，紅燈代表停，也就是在找別人請求幫忙前，先停止行動；黃燈時，先好好想想為什麼會發生衝突、發生了什麼問題、該怎麼樣才能解決、可不可以和平解決；接下來，綠燈代表執行，該道歉就道歉，該原諒就原諒，透過對話和溝通，和對方聊聊以後該怎麼做。

別再用怪來怪去的小學生方式說話，而是練習用成熟的青少年對話法去解決問題吧！

此外，當孩子把話題帶往有利於自己的方向時，父母不能偏袒子女，也不能說孩子是抓耙子。

身為家長，要站在中立的立場，用提問引導孩子用客觀方式了解狀況，試著問他：「事情前後的狀況如何？」、「那時候，周圍同學的反應如何？」、「你覺得是誰做錯了？為什麼？」、「如果想和同學和平共處，該怎麼做？」

一個巴掌拍不響，**通常會出現問題，很少是單方面的過錯**。所以，如果父母聽了孩子的話就偏袒他，和他站在同一邊，子女之後就會為了拉攏他人，持續怪東怪西，藉此操縱狀況。

父母親要好好踩住標準，站在客觀立場，確實了解問題的真相及來龍去脈，這才是教導孩子不去怪別人，但也不會責怪自己的方法。

22 我想和朋友參加明星簽名會

父母的擔憂

我家孩子說要把零用錢存起來，上繳給藝人後援會，藉此慶祝藝人生日。有一次，為了參加粉絲簽名會，還吵著要買某個藝人代言的商品，明明那個東西他根本不需要。

因為他本來對藝人一點興趣都沒有，我本來以為這可能只是暫時的，結果發現他的朋友都是同個藝人的粉絲後援會成員，不知道是不是該在情況變得更嚴重前，趕緊制止他？

孩子的真心話

現在誰不迷藝人？如果對偶像一無所知，會被同學笑是原始人。同學中雖然也有人想當藝人，但我沒有瘋到那種程度。我知道自己該念書，該做好分內的事情，我著迷的程度跟其他同學差不多，只是在念書之前，用手機看一下藝人的照片或影片而已；而且，這樣做之後再念書，感覺念得更順利。

老師意見

和孩子深入談談他有多喜歡那位明星吧！通常，追星有兩種情況，一種是暫時性的喜歡，例如交朋友時，習慣和他人尋找共同點，因而自然產生共同的興趣；另一種則是把藝人供得像神一樣，極度沉迷。

太過沉迷的孩子，可能會把藝人的生活看得比自己的還重要，甚至把藝人的生活當作自己的生活指標。請參考表2-1，確認自己的孩子有多麼沉迷。

表 2-1　沉迷於藝人的程度

輕微	嚴重
・有藝人的照片和影片。 ・喜歡的藝人出現在電視上時會說「好帥、好美」，心情跟著變好。 ・會談喜歡藝人的優點，想要仿效。 ・常和朋友一起聊喜歡的偶像明星。	・早上起床會確認藝人的行程（「今天〇〇〇說在某個地方拍戲」）。 ・完全掌握藝人的作息（「現在是〇〇〇做某件事的時間」）。 ・一天會進去粉絲後援會頁面 10 次以上，就算藝人只是上傳簡短的圖文，也會深受感動。 ・無時無刻都在看藝人的照片和影片。 ・把零用錢存下來，準備買禮物給藝人。 ・為了實際見到藝人，經常到訪簽名會、拍攝現場。 ・生活重心圍繞著藝人轉。

喜歡藝人這件事，父母不可以當作是嚴重問題加以斥責，這樣反倒會激起孩子的反抗心態，讓他陷得更深，造成反效果，尤其當孩子習慣和朋友一起追星時更是如此。

解決問題的所有基礎都是溝通。當孩子認為父母那一代無法理解他的心情時，他會直接選擇不聊這件事，這麼一來，家長將會更難教育子女。**無論在哪個世代，都存在著追星文化**，所以，請父母以開放的心態和孩子聊聊。

分辨真實和虛擬世界的方法，3C排毒

藝人的生活及演藝圈真實樣貌，和我們所看到的非常不一樣，但是小朋友很難區分現實和想像，所以會相信他們看到的一切。這時，父母要培養孩子的識讀能力。

媒體（手機、電視、電腦等）讓我們看到的東西，和真實生活不同。而藝人的演藝活動，大抵和創造獲利有關，這代表藝人的演藝活動都是為了鞏固粉絲族

群、維持他們的生涯。

此外，藝人光鮮亮麗的外表下，也隱藏著相反的面貌，也許外表看起來很帥、很美，但那只是他們展現給粉絲看的其中一個面向。即便看起來像是感情極好的夫妻，也可能一夕之間突然爆不合、離婚，這就是藝人的生活。

太常接觸到演藝圈呈現出的假象，會讓現實和非現實的界線越來越模糊，明明身處現實世界，心靈卻停留在幻象中。過度沉迷追星，會讓人無法正確認知到自我，所以才危險。遇到這種狀況，就一定要讓孩子了解到現實世界和虛擬世界的差異，並做出改變。

首先，要遠離媒體。就算是因為朋友才迷上藝人，但可以接觸藝人的媒介就是媒體。實際上，若是懂得節制，適當使用媒體的孩子很少會為藝人瘋狂。

可以的話，請遠離3C產品。這點要從父母開始做起，因為現在的父母從孩子小時候，就經常把手機擺在孩子面前，一邊喊著好可愛，一邊拍照、錄影片。

此外，很多家長會拿影片給孩子看，好讓他們可以在餐廳安靜坐好，而孩童從小就接觸手機，當然會認為3C產品和我們的關係很緊密，便開始輕易接收媒體內容。

其實，這樣想想，父母在不知不覺中教育孩子要親近手機，卻又希望他們遠離手機，非常矛盾。也有些家長要求孩子好好念書，自己卻在看手機，實在很不合理。在這種時候，父母更應該先放下自己手中的手機和電視遙控器。

請訂下使用手機、電視、電腦的規則，像是在電腦上設定使用時間限制，或是和孩子規定每天可以使用3C產品的時間，比如補習班下課後，可以看電視到六點，或從現在開始計時三十分鐘，又或是週末可以多用一個小時等，做出具體的約定。不然，也可以先和孩子約定一個比較寬鬆的範圍，之後再慢慢減少。

CHAPTER

3

這些問題，家長該介入多少？

23 沒有最要好的朋友

父母的擔憂

如果我問孩子「你跟誰最要好？」、「今天跟誰一起玩？」，他都沒辦法給出什麼具體的回應。他好像沒有最要好的朋友，而且每天給的回覆都不一樣，讓我擔心他是不是在交友上不太順利，心裡很不好受。通常小孩子不都會有一個最要好的朋友嗎？為什麼我家孩子沒有？

孩子的真心話

每天回家，媽媽都要問我跟誰玩，其實我根本不記得白天跟誰玩了，不知道為什麼她要問這些。跟誰比較要好？我跟全部同學都很要好，一定要有最要好的朋友嗎？為什麼一定只能跟最要好的朋友玩？我不知道該怎麼回答。

老師意見

和家長諮商時，最常被問到的問題之一就是：「我家孩子和誰最要好？」除此之外，家長們也很常表示「希望我家孩子和〇〇變得要好」。變要好，指的就是結交死黨，不過，為什麼大人會認為結交死黨很重要？

孩子在友伴關係中，可以體驗到快樂、合作精神、多樣性、創意力、和諧共處等正向能量。其中，也有很多家長會強調一定要有一個死黨，無論到哪裡、做什麼，只要有死黨一起，就覺得孩子不會那麼孤單。

但這次，我們試著站在孩子立場，想一想死黨代表著什麼吧！

進入學校之後，許多第一次經歷的事情，如果能夠和死黨一起經歷，可能就不會感到那麼陌生。有一個和我抱持同樣想法、做同樣事情、總是站在我這邊的人，心理上會比較穩定，當然也不那麼孤單。

很重視陪伴的孩子，會深刻感受到死黨的重要性，所以會自己去結交好友。相反的，認為孤不孤單不怎麼重要的孩子，就不會這麼早出現結交死黨的需求。在這種情況下，由於家長和小朋友的立場不同，對於死黨必要性的看法就會出現差異。

關於何時開始結交死黨，每個人的時間點不同。有人是小學、國中、高中開始經歷這個階段，有些人則要再更大一點，在大學或職場上才體驗到。這不過是早晚的差別，並不是孩童的問題。

在小學，所有孩子都改變自我中心的觀點，逐漸適應以他人為中心的視角，而在這個學習過程中，有的孩子速度快，有的孩子速度慢。同理，**孩童開始重視朋友的時期也各不相同，通常男孩子會比較慢，女孩子則相對快一些**。

尤其，低年級學生的朋友圈就跟一盤散沙一樣，比起同學，他們會把自己想玩的事物放在優先順位，會和想玩同樣遊戲的同學一起玩耍，或是乾脆自己玩。這樣一來，一起玩的同學很可能每天、每週都在變化，而且孩子根本不在意那個同學是誰。

簡單來說，**小朋友心中的死黨和大人的概念不一樣，不是一定要有死黨，才能夠玩得開心**。只要那天有一起玩、一起聊天、相處，其實都可以算是孩子的死黨；所以，小朋友的死黨才會經常換人，時而有、時而沒有。

因此，就算孩子看似沒有最要好的朋友，或是他說沒有，也不用過度擔心。就算他說都自己一個人玩，也沒有關係，因為對這個時期的孩子來說，死黨的概念並不是那麼重要。

「和誰」不重要，重點是「做什麼」

我帶的五年級班級中，有一個孩子無論和誰玩都沒關係。家長來諮詢前，我都會事先準備好資料，但這位同學的交友關係卻令我有點困擾。

「他最要好的是誰來著……？」、「休息時間都跟誰在一起？」我怎樣都想不起來他的好朋友是誰，所以從那天開始，我就一直特別觀察他。通常，到了五年級，下課時間一起玩的夥伴會比較固定，也就是所謂的死黨，他們會一起去廁所、一起聊天、打打鬧鬧。

但是，這個孩子的玩耍對象仍然一直改變。對他而言，**「和誰」不重要，「做什麼」才是重點**。雖然沒辦法說出他的死黨是誰，但他和所有人都相處融洽，在結交朋友方面沒有遇到困難。

由此可知，與其聚焦在「和誰」，我會建議父母將重點放在「做什麼」，這也是孩子更關心的部分。隨著孩子成長，他自然會在這兩種標準之間，找到最合適的平衡點。

我帶的這個孩子，後來也逐漸感受到擁有死黨的必要性，升上六年級後，就變得和某個同學非常要好。當然，他也沒有因此遠離他人，仍舊懂得如何和同學溝通，相處上依舊融洽。

升上高年級後，孩子會更想感受到歸屬感，因此和同儕三五成群、結交死黨。但即便如此，若自己的孩子不是這樣，也不用擔憂，也許對他來說，歸屬感目前占的比重還不太大，他或許覺得自己一個人也沒關係，或是獨立性對他來說更為重要，又或者，他只是還沒碰到完全合他心意的好友。

結交死黨的四種方式

不過，如果孩子想要交死黨，卻不知道該怎麼做，情況就和前面不同了。要從關係融洽的朋友變成死黨，還必須跨過一個坎，因為和大多數同學相處的方式相比，結交死黨的方式更細膩也更特別。

那麼，請和孩子一起摸索結交死黨的方法吧！首先，詢問孩子想和誰變得要好，像是「你想和哪些同學一起玩？」、「你想找誰來我們家玩？」。如果直接問他喜歡哪些同學有點困難，那就從他想和哪些同學一起玩、一起做某些活動開始調查。

如果找到對象的話，就聊聊該如何變得親近，像是：

第一、擁有專屬兩個人的事情很重要，互相分享越多關於彼此的事情，親密度就越高；第二、找時間和對方相處，例如一起度過下課時間、一起上下學等，可以增加近距離聊天的機會；第三、共同活動，像是分組活動時同組，創造共同經驗，會有更緊密連結的感覺，下課時間一起玩桌遊也是很不錯的方法；第四、拉近物理距離，像是坐到同學旁邊，就會更快變熟，這也是為什麼讀同一間補習班或家裡住得近的孩子，關係通常較好。

不過，雖然可以嘗試用上述方式結交死黨，但實際執行上還是會碰到困難。這時候就要告訴孩子，沒有死黨不代表孤單或被排擠，只不過是還沒遇到那個心靈相通、可以深入對話的朋友罷了。

我們要告訴小朋友，這只是一個過程，不必因此感到氣餒，或是就此對朋友抱持負面態度。不管有沒有死黨，都請讓小朋友把重點放在是否懂得和同學交心，以及溝通是否順利上。如果和同學的關係和諧，其實有沒有死黨，不過是個人的選擇罷了。

24 兒子打不進男同學的圈子

父母的擔憂

我兒子明明是男生，心靈卻很脆弱，朋友隨便一句話都可以讓他受傷。不是說男孩子一定要很堅強，但我兒子真的脆弱到讓我很擔心。看他都沒辦法打入男同學的圈子裡，讓我很心疼，不知道該拿這個和其他男生不一樣的孩子怎麼辦。

孩子的真心話

我是個男生，卻不知道該怎麼跟男生們玩。男生開玩笑的程度很超過，一起玩的話，我覺得不只身體會受傷，心靈也會，讓人害怕。相較之下，我更喜歡和女生一起靜靜的坐下來玩抓石子、聊天。不知道為什麼媽媽一直要我去跟男生玩，而且，我又不是完全不跟男生相處。

老師意見

在小學階段，和同性別孩子相處的經驗非常重要，因為這階段的關係是提高自我理解的基礎。從同性的樣貌中，也可以看到自己的樣貌。

在校園中，男孩子和女孩子的行動方式差很多，這些行動差異在低年級時就會出現，到高年級時則越來越明顯。這時候，常常會出現男生不和男生玩，女生不和女生玩的情形。

會出現這種情形，背後的原因很多，可能是個人偏好的活動不同、喜歡的事物差異、在以前的班上有過創傷、家庭環境中姊妹或兄弟較多……不過，即便有這麼多因素，**和同性相處仍是必要的體驗**，因為**有些社交能力，只能透過和同性互動才能學習**。

男孩子通常都會一起運動，他們會在中午休息時間玩躲避球、足球、足壘球、樂樂棒球，甚至賽跑。在韓國小學裡，男孩子甚至會用踢不踢足球來分派。此外，他們也會藉由打打鬧鬧、比賽、玩遊戲變得親近。

與其斥責孩子為什麼沒辦法跟其他孩子一起玩，不如創造一個環境，讓他更願意去接觸男孩子的文化。男孩子和爸爸（男性長輩）一起相處的時光尤其重要，可以從一起運動（跳繩、單槓、球類運動、羽毛球等），或難度低的爬山、散步等活動開始嘗試，只要是運用肢體的活動都很不錯。

可以訂下一週一次的一對一約會時間，讓爸爸和孩子一起共度親子時光。藉由和爸爸相處，兒子對男同學的心牆也會慢慢瓦解，自然能和他們打成一片。

但是，並不是只有運用肢體的玩耍方式，才能和男生交朋友。請告訴孩子，和朋友打成一片的方式有很多種，可以透過相同的興趣或嗜好變親近，也可以主動去搭話：「早啊！」、「你週末要做什麼？」、「昨天你做了什麼？」從輕鬆的對話開始，慢慢透過聊天來累積友誼。下課時間也可以主動出擊，問對方「要不要跟我一起玩？」、「要一起嗎？」。

此外，也可以運用幽默、讓對方發笑來變親近，或是觀察同學需要什麼，藉由體貼對方來變熟。

此外，也請告訴小朋友，**每個人的個性不同，而每種個性都有適合他們的接近方式**。

為了讓孩子體驗到不同的交友方式，父母可以替孩子創造一些簡單的機會，像是邀請其他同學來家裡玩，或是一起辦生日派對、一起出去玩，替他們鋪展友誼的道路。年級越低，家長替孩子創造的交友機會能帶來的效果越大；在這種時候，只要父母輕推一把，就能讓孩子更快交到朋友。

不要把孩子的創傷無限放大

透過在教學現場觀察，我發現，和女孩子比起來，男孩子較容易說或做出傷害同學身心的言行。所以，自然會有些同學因為害怕受傷，盡量不和男學生相處，或是因為有過受傷的經驗，因此對男孩子帶有抗拒感。

這時，我們只要簡單告訴子女，任何人都可能會受傷害就好。不要把傷口過度放大，讓他知道，雖然過去因男同學受到傷害，但這不代表所有男孩子都是這樣，預防子女無限上綱，心想「我再也不要跟任何男生玩」。

對於已經發生的事情，我的反應會留在大腦的記憶和潛意識中，形成一套演算法。當發生和過往經驗同樣的事情，演算法就會自動反覆。這套演算法越反覆，就會越堅固，對於發生的事情會出現比過往更激烈的反應。

如果演算法健全又正面，當然是再好不過，但是通常負面的情況比較多。如果「1」左右的傷害一直發生，一開始反應可能只有1的程度，但到後來，就算傷害程度只有1，演算法也會做出程度相當於10的反應。

請好好了解孩子受傷的原因和傷口的嚴重性，再好好安撫他。幫助孩子正視他無法和男同學相處的傷口，並創造一套健全的演算法；必須拋棄過去那套演算法，才能減輕他因受傷而產生的恐懼感，並做好打入男生圈的心理準備。

25 一直擔心他跟同學相處不好

父母的擔憂

這是我的第一個孩子，第一次送孩子上小學，這個也擔心，那個也擔心。我知道學校裡有好老師、好同學，但孩子肯定仍會遇到一些難題吧？因為還是低年級，所以我不擔心課業，比較擔心他的交友關係。如果可以的話，真想每天都去問導師，孩子和同學們相處融不融洽、有沒有什麼狀況。

孩子的真心話

媽媽每天早上帶我去上學，還會揮手揮很久，看得出來她非常擔心。我很想告訴她：「媽！別擔心，我可是你的小孩耶！我在學校過得很好！」

老師意見

「我們家○○和同學相處得好不好？」

這是家長和我諮商時，經常問出的老問題。看起來虛無飄渺的這個問題，其實蘊含著家長滿滿的擔憂和期待的複雜心情。

首先，我們先釐清相處融洽的定義吧！因為家長心裡想的相處融洽，和孩子、老師心中的意思可能會有出入。

站在父母的立場來看，所謂的相處融洽，會隨著父母把重點放在哪裡而產生差異。強調積極、自動自發的父母，認為和朋友在一起時，可以主動提出意見、表達自我，代表孩子和他人處得好；強調體貼的父母，則認為孩子必須和同學互相讓步、關愛；害怕受傷的父母，覺得孩子不對同學造成傷害、亦不受到傷害，就算是融洽了。

每個父母的標準不一，所以，請試著回想自己對孩子說過的話，**從我們平時常跟孩子強調的價值觀中，可以看出父母對孩子交友關係的標準**。

站在孩子的立場來看，其實，相處融洽指的就是自己的心靈充實。假如孩子認為暗戀對象就是他的全世界，那麼，與那個對象的對話多寡、關係好壞，就成了評估自己一天過得好不好的標準。若是認為被老師稱讚很重要，那他一天被老師稱讚幾次，會左右他的一天過得好不好。只要孩童重視的需求被滿足了，那他的校園生活就是開心的。

至於在教師的立場看來，孩子相處融洽，大抵指的是和多名同學關係良好，不會引起很大的事故或問題，因為教師通常會多關注學生是否能融入團體生活。

立場不同，觀點差異自然大，有可能孩子過得很好，但在父母看來，還是過得不太好；也可能孩子一整天都覺得很不開心，但在父母看來，卻認為孩子沒什麼問題。

總的來說，最重要的還是孩子的立場，因為和同學建立關係的是孩子本人。「你和同學們相處得好嗎？」這個問題，透過平時和孩子對話去了解最為準確。

一下絕交、一下和好，都是成長的一部分

在這個名為學校的大型社會中，教室是屬於孩子和朋友的祕密空間。從早上上學進到教室，一直到放學，孩子大概要待在教室六個小時。因此，孩童在這裡形成的連結關係，複雜度甚至不亞於大人的世界！

孩子的關係會在這個地方大幅成長，當然，途中也會受傷，也會有痛楚，但是綜觀來看，我們可以得知，孩子無論如何都在成長著。

家長要先接受，子女和同學一下相處得好、一下相處得不好，是很自然的過程，也要告訴孩子這點。

請相信孩子會過得很好，他們比我們想像中還要強壯。也許在父母眼中，會覺得小朋友很脆弱，但是他們進到小學以後，就會變得越來越堅強，因為一直到學齡前，他們都躲在家人的庇蔭下，而在這裡，他們必須自立自強。

無時無刻都接受某些人的照顧，已經是過去式，他們現在在某種程度上，已經脫離了父母的懷抱。光是從國小時期開始，小朋友就會真實感受到，人生有些

部分是要自己去闖出來的。

我們只需要給予信任，孩子也會感受到那份信賴，而有了那份信賴，他也會更相信自己。

26 有了交往對象

父母的擔憂

我家孩子有了交往對象。其實，他根本沒跟我說，但我發現他光是看著他們兩人的單獨合照，就笑得好開心，每天無時無刻都在用手機聯絡，而且突然變得很在意外表。上次他跟我去我們常去的髮廊，不像以往只聽我的意見，反而變得很堅持己見。

我一部分擔心他會不會因為交往對象而疏忽課業，只顧玩樂；還有，因為現在 YouTube 等媒體實在太發達，很容易接觸到性方面的資訊，所以也擔心這段關係會不會一不小心就出了差錯。

孩子的真心話

媽媽一定不懂我有多麼悸動不已，她老是擔心這、擔心那，一直想打聽更多細節，妨礙到我的情竇初開了！所以，我都盡量不分享戀愛相關的事情，也不想被她發現。

老師意見

得知子女有交往對象，心情一定五味雜陳吧？除了驚訝之外，又有種被背叛的感覺，同時感到好奇，心裡的情緒複雜又奇妙。其實，這都是孩子成長過程中的自然現象，所以不需要太難過或訝異，因為這都是再自然不過的事情。

攤開和異性朋友交往的經驗調查資料看看，你會發現，孩子的尺度比大人們想得還要大。和父母的世代不同，在孩子所屬的文化中，「跟別人親親」很可能是非常自然的事情，但對父母來說，卻是一大衝擊。

不過，如果家長因而出現抗拒反應，可能會連帶害孩子拒絕對話。所以，雖然為人父母固然會擔心，但還是必須保持平常心，不要過度反應。

從另一方面來看，其實這也是很令人開心的現象，代表孩子已經長大很多了。孩子從離開父母的懷抱，明白朋友是什麼之後，現在甚至有了男、女朋友，變得受人歡迎，何嘗不是一件好事？

就算世界變得越來越快，但孩子們談戀愛和大人的戀愛相比，還是稚嫩很多，發生大人擔心的事情的機率不高。有時候，因為父母過度擔心，反而讓本來不會發生的事情發生。我帶過的五年級學生中，也有和男、女朋友交往時，只是玩玩抓石子、寫交換日記而已。就算再怎麼脫序，孩子仍然生活在家人和學校的保護傘之下。

交往對象也是從當朋友開始的，這麼看來，戀愛關係也是學習如何和他人往來、相處的其中一種方式。交友範圍變寬廣的孩子，會透過這個過程感受、學習到一些新東西，有了這樣的過程，才會變得成熟。

絕不能讓對話的窗口關閉

其實，**只要親子間的溝通順利，你擔心的事都不會發生**。所以，最重要的是父母要先放下自己的擔憂，去傾聽孩子內心深處的想法和心情。就算平時親子關係很透明，碰到異性問題，孩子的第一直覺還是會想保密，因為他們都清楚，一談到異性，父母不會去理解或同理，只會什麼都覺得不對，預設負面立場，想教導孩子該怎麼做。

爸媽會開始擔心，孩子跟男、女朋友在一起，會不會妨礙孩子的未來，或是小孩會不會放太多心力在戀愛上。天下父母心，但是和孩子的關係變得不再透明後，反倒會害自己徒增憂慮。

因此，首先最該做的，是不要打斷孩子說的話，也不要堅持己見，選擇全心全意的聆聽。

想和子女形成信賴關係，可能需要一週、一個月，甚至數個月的時間，但即便如此，我還是建議家長要慢慢的、小心翼翼的接近他們。只要擄獲孩子的心，孩子就會認為爸媽是他的最佳諮商師，自動透露他對交往對象的心意、他擔心的部分等。簡單來說，溝通才是正確答案。

約會地點要選在公開場所

如果開始交往，兩個人一定會經常見面。在這個年齡，會對異性好奇很正常，所以父母才會擔心那份喜歡錯用了表現方式。既然如此，就給他們一個約會準則吧！

首先，約會要在公開的地方，以一起進行的活動為主。雖然一般認為約會就是度過一段雙方都開心的時光，但也可以透過各式各樣的活動，更深入了解彼此。如果只把重點放在「開心」上，約會就很容易朝不光明正大的方向演變。

為了維持健全的關係，請告訴孩子要在公開場所，像是遊樂園、咖啡廳、公園、保齡球場、電影院、餐廳等地方見面，要特別小心密閉空間。

現在的孩子深受大眾媒體的影響，如藝人、電視劇、YouTube 等管道，但是這些媒體呈現出來的約會，都是預先設定好、誇大的肢體接觸演出，而且會特別強調性張力，對孩子們的肢體接觸標準產生負面影響。因此，家長一定要告訴子女，媒體和現實不一樣，要讓孩子認知到，媒體中呈現的並不自然，屬於虛擬世界。

就算小朋友認為牽手或抱一下根本不算什麼，也要告訴他們必須小心謹慎，能夠和父母談談肢體接觸的適當標準更好。

若子女已經升上高年級，也可以進行有深度的教育指導，交了男、女朋友後，請他們在交往初期就設定好肢體接觸的界線，告訴對方不可越線。如果不能接受，那與其說是喜歡我這個人，對方可能只是好奇和我肢體接觸的感覺，這點也要明白的告訴孩子。

請和子女聊聊，為什麼需要肢體接觸，和肢體接觸前後的反應吧！同時，和他們分享父母的經驗談，也是個不錯的方法。

27 某個孩子強迫我的孩子，不准跟別人玩

父母的擔憂

我的孩子說他有一個好朋友，但在我看來，與其說是好朋友，更像是那個同學一直黏在我家孩子旁邊。我家孩子個性溫和，跟所有人關係都不錯，有一次，因為他去跟別人玩，那個好朋友就生氣了，後來，我家孩子只好手足無措的安撫對方。那個孩子要求他只能跟自己玩，他卻沒辦法拒絕，實在讓人心疼。

孩子的真心話

爸媽覺得我被好朋友牽著跑。雖然我的確很常聽同學的話、照他所說的做，

但我又不是因為傻才被牽著跑。雖然我也不喜歡只跟他一起玩，但如果輕易把我的想法說出來，那個同學一定會受傷。我也有自己的想法，其實爸媽不需要這麼擔心。

老師意見

小學生尤其需要廣泛交友，接受各式各樣的良性刺激、體驗不同的反應，才能培養社交能力。此外，朋友之間也應該保持開心又互助的關係，若發生了讓人不舒服、不開心的事情，就要回顧這段關係，想辦法改善。

假如單純為了義氣，就始終待在朋友身邊，強迫自己忽略不開心的事情，並不理想。**所謂義氣，不是始終如一，更重要的是維持彼此都開心的友誼**。

簡單來說，朋友應該是我也開心、你也開心的對等關係，如果像上述情況一樣，一方說只能兩個人一起玩，另一方明明不想，又無法果斷拒絕，就不是理想的狀況了。

所以，家長必須教導孩子，什麼才是理想的交友關係。

以下列出幾種不理想的交友類型：對朋友的人際關係也常是保持主導權的支配型；即使不願意，也會配合他人意見的犧牲型；會一一計算自己的損失和收穫的計算型；每次都要求接受同樣待遇的平等型；時刻需要朋友在身邊的依賴型，以及就算沒朋友也沒關係的獨立型。

我們需要客觀檢視自己的孩子究竟屬於哪種類型。

過度依賴、過度強勢的友誼，都有毒

上述案例中的孩子，大概屬於犧牲型或依賴型，而好朋友則是支配型。如果子女屬於犧牲型或依賴型，一定要讓他學會拒絕的方法。這些孩子通常會認為拒絕是不好的，自己不可以拒絕他人。但這種交友方式要是延續到未來，可就糟糕了，**完全配合朋友、過度依賴，都是非常有毒的關係**。

朋友固然重要，但更重要的是要顧慮到自己，如果朋友的意見強大到讓自己的存在消失，那這就是必須終結或改善的友誼。即便是好朋友，百分之百聽從對方意見也不是理想的做法。一旦開始聽從對方所有意見，就容易喪失自我。因此，請讓孩子知道，**勇敢說「不」，不等於背叛朋友**。

父母可以教導孩子練習勇敢表達：「我還是會跟你很要好，但也會跟其他同學一起玩。」、「我不喜歡這樣，我希望我們可以那樣做，大家都開心。」

請在家裡和孩子一起角色扮演，或邀請兄弟姊妹一同模擬狀況，培養拒絕的勇氣，面對不行的事，就要懂得拒絕。此外，也要檢視爸媽和孩子之間的關係，看看是否有某一方老是全盤接受另一方，還是彼此處於對等的雙贏關係。

支配型、計算型、平等型的共同點，就是建立在對方的想法應該和我一樣的基礎上。支配型的人覺得，朋友必須照我的想法去做；而計算型的孩子也認為，當朋友不照他預想的去執行，就感到心裡不舒服；平等型的人則覺得，我付出多少，對方就要付出多少。其實，這些類型的癥結點，都在於他們期待對方跟自己想法一致。

同學不是屬於我的東西，我也不是同學的東西，只有大家都開心的友誼，才是正確又健全的關係。想藉由朋友獲得某種好處、隨心所欲控制他人，都是不尊重同學的表現，如果真的尊重同學，就要考慮到對方的意見，同時不隱瞞自己的真正想法。

也就是說，最重要的是要**明白對方可能和自己想的不一樣，並去尊重對方**，擁有這種態度，自己才能受人尊重。

總的來說，如果孩子在學校遇到支配型、計算型和平等型同學，父母可以教導孩子該如何跟朋友溝通，鼓勵他問對方「為什麼只想要兩個人一起玩」，並聊聊只有兩個人時的優缺點，和大家一起玩的優缺點。這麼一來，對方知道了大家一起玩的眾多優點，自然就會做出改變。

28 第一次跟人告白，卻被拒絕

父母的擔憂

我家孩子有了喜歡的同學。每次講到他喜歡的人就會臉紅，不知道為什麼，總覺得他好像故意在隱瞞什麼，不太講那個同學的事，但其他事情還是很愛聊。所以我很肯定他喜歡那個同學。

上個禮拜，他還精心準備了巧克力棒送給對方，結果，對方什麼都沒有說。我想可能是那個同學沒有接受他的心意吧！其實，這也算是成長階段常見的事，但我該怎麼跟孩子談，才能正確的安慰他呢？

孩子的真心話

媽不懂我的心，我很緊張，心頭怦怦跳。我覺得媽媽感覺有在認真聽我說的話，但不知道為什麼，總覺得媽媽好像在心裡偷笑。我明明很認真，我媽卻沒有認真看待，唉！就像我是真心的，但〇〇也不懂我的心一樣……。

老師意見

孩子的生活中出現了在意的人，可以視為孩子的身心都有了大幅成長。此外，孩子向異性朋友表達心意是很有勇氣的行為，請替孩子的行動感到開心。

「原來你鼓起勇氣跟同學表達心意了啊！表達自己的真心，真的很不簡單，你好厲害！」像這樣盡情稱讚孩子，並和孩子聊一聊吧！可以問他，表達心意的時候會不會很緊張，也不妨跟子女分享一些自己的經驗，像是父母相遇的過程，或是結婚前的心路歷程，講起這種話題，孩子一定會豎起耳朵，聽得津津有味。

也可以這樣說：「居然已經到了孩子跟我分享這些話題的時候了，好感動，你真的很棒。」表達更多看見孩子成長的喜悅之情。

另外，也要分享父母的告白失敗經驗或分手、心痛的回憶，分享這些故事，孩子會慢慢學到，原來對方和我想的可能不一樣。

通常孩子們在異性問題上，都不太願意誠實分享，但如果父母可以藉由自己的故事，打開和孩子的對話之窗，他們就會滔滔不絕的說出來。請運用上述對話方式，持續和孩子真誠的暢談。

對方不接受你，不代表否定你整個人

選擇，本來就是對方的自由。在這個時期，孩子會慢慢體會到，原來世上每個人都不一樣，不會大家都同意我；同時，他們也將學會該怎麼從自我中心的觀點，轉移到以他人為中心的視角，從別人的立場看事情。

小時候，大家只知道自己，爸爸媽媽、爺爺奶奶、哥哥姊姊都會順著自己的意，更是使這樣的心態根深柢固。但是上學之後就會慢慢發現，不管是念書或運動，都很難隨心所欲，交友關係也是。簡單來說，所謂的社會化，就是親身體會到——凡事都不會如我所願。

所以，請告訴孩子，在戀愛這一塊也一樣，不可能事事如我所願。孩子可能會這樣想：「我是真心喜歡他的，為什麼他不能接受我的心意？」但接不接受並不是自己能決定的，而是對方的自由。

這時要注意的是，即便被對方拒絕，也不要否定自己的存在。別想著「對啦，我就是又矮又不會念書，長得又不漂亮才會被拒絕」，自己怪自己；尤其，處於青春期的孩子更容易陷入這類想法中，所以父母親要讓孩子明白，**對方不接受心意，不代表否定你整個人。**

戀愛，除了心意相通，還得在對的時機遇見

在一段戀愛關係中，最重要的就是彼此心意相通，並在適當的時機點遇見。

如果這兩個條件沒有同時符合，就很難有情人終成眷屬。

比方說，對方可能也喜歡我家孩子，但剛好是考試期間、對方家庭發生了很重大的事，又或是對方可能跟好朋友起了嚴重衝突……這些時間點，都可能讓心意相通的兩人無法在一起。

對子女自己也一樣，所有事情都有適當的時機，也許對孩子而言，現在也不是交往的好時機。現在是不是該認真念書的時候？是不是該和家人好好相處的時候？如果不是適當時機，就勸孩子把精力放在其他事情上。

不過，千萬別用碎碎唸的方式叮囑子女，而要好好告訴他，這就是戀愛的公式：

戀愛公式：

戀愛＝彼此心意相通＋時機點

我們可以做的，就是教孩子如何培養自己，成為更棒的人。先問問子女，認為什麼樣的人很酷，也別忘了補充父母自己的意見；此外，也不妨聊聊覺得對方會喜歡什麼樣的人。

想提升自己，可以固定運動，激發自信心，也可以主動參選班長，培養領導能力，或是更努力念書，好教導同學不會的部分，或者，也能多多閱讀，累積更多知識，或培養幽默感，就更能和他人盡情談天。這樣看來，方法其實非常多樣呢！

29 沒有人要跟我的孩子玩

父母的擔憂

我問孩子他跟誰最要好，本來還猜想會是住得離我們家近的孩子、一起補習的朋友，還是三年都同班的同學呢？甚至有點擔心，會不會是我沒聽過的同學。但最後，他告訴我他沒有朋友，沒有跟別人一起玩，都是自己一個人。

那天，我躲在孩子不在的地方，自己放聲大哭。

孩子的真心話

媽媽問我跟誰最要好時，我瞬間腦中閃過好多種想法。「難道媽媽知道我沒朋友，所以才這麼問嗎？」、「要不要隨便說一個人的名字？」、「如果我說沒朋友，她會怎麼想？」猶豫了一下後，我自己也不自覺的脫口而出，說「沒有……」。聽到我說沒有朋友，媽媽很努力故作鎮定，但那天，我知道她在房間裡哭了很久。

老師意見

一定很難過吧？不管是孩子還是媽媽，心裡一定都很痛。但值得慶幸的是，至少孩子願意誠實告訴媽媽。

很多孩子甚至沒辦法誠實表達，隱藏起來。他們可能怕父母親心疼所以不說，也可能是覺得麻煩，又或者是覺得說了也沒用。很多孩子甚至連對話都不願意，問他們在學校有沒有什麼事情，真的很多孩子會一貫回答：「每天都這樣啊！」、「不知道」、「沒什麼事」、「你不用管啦！」

所以，聽到孩子坦誠交友問題時，請握住孩子的手，告訴他：「謝謝你告訴媽媽，謝謝你相信媽媽。」

孩子最要好的朋友是父母。就像同學有狀況時，最要好的朋友會去幫忙一樣，這次要換爸媽去幫忙。

在交友關係中覺得自己是獨行俠的孩子，很容易覺得自己在家庭裡也是孤獨一人，因為孤單的情緒有很強的支配力。請表達父母親對孩子的愛，告訴他無論碰到什麼狀況，無論你是怎麼樣的孩子，媽媽都絕對愛你。其中一種表達，可以用以下方式訴說：「我女兒（兒子）不是有最要好的朋友嗎？就是媽媽我啊！」「媽媽想當寶貝女兒（兒子）全世界最要好的朋友！」最後，可別忘了還要加上一個擁抱。

爸媽反應太大，會害孩子慌張

碰到上述情況，父母親一定會想和孩子對話，從中找尋蛛絲馬跡。這時候，要特別注意一些事情。

第一，不要表現出自己的情緒。如果媽媽表現出自己難過或傷心的模樣，孩子會很慌張，最後還可能演變成孩子必須安慰媽媽的情況。因此，家長請不要把自己的情緒波動都表現出來，而是保持冷靜，孩子才能把自己的故事說出來。

第二，不要咄咄逼人，過於追究原因。「為什麼沒有朋友」、「努力的話就會有朋友了吧？」、「你做了哪些努力？」、「你覺得為什麼會變這樣？」、「你有跟老師說過嗎？」，就算是出自好奇心，這類型的問題也可能傷到孩子。只要孩子覺得自己被理解，他自然會說出原因，所以不用太過著急。

第三，別太早下定論，把這件事視為大問題。如果立刻認定沒朋友是個大問題，一定要盡快解決，對孩子而言，反而會形成可怕的包袱。

以下，我將介紹解決此問題的實際方法。這些行動不只是為了鼓勵孩子的情緒，也能提供實質上的幫助：

1. 積極觀察孩子的交友關係

為了了解原因，可以陪孩子一起上下學，或和老師談談，並觀察同儕們都去哪間補習班或哪個公園。此外，也要更加了解自己的孩子，認識他身邊的環境，才能夠樹立對策。

2. 替孩子準備交友機會

和鄰居熟絡之後，可以幫子女和鄰居的孩子製造相處機會，此外，也可以讓孩子報名參加想變親近的同學上的補習班；當然，可以的話，邀同學來家裡玩是最直接的做法。

3. 持續和孩子溝通

請多花時間陪伴孩子，對孩子而言，沒有比父母的陪伴更能帶來力量。除此之外，也可以藉由對話來了解孩子目前的狀態。

為了改善孩子交友問題的努力，以上是父母可以做到的努力。

30 除了最要好的朋友，他不跟別人玩

父母的擔憂

下課時間，我家孩子都只和一個同學玩，就算只是去走廊外面，也一定要一起去，上廁所就更不用說了。每回問孩子，他都說只想和那個同學一起玩，感覺他好像太過依賴那個朋友，令我有些擔心。我很怕萬一他跟那個同學起了口角，不僅沒有其他朋友可以一起玩，還會非常受傷。

孩子的真心話

和〇〇兩個人相處時，我覺得很輕鬆。他完全理解我，我們聊天時常常覺得

時間過得很快。這次是用抽籤的方式換座位，結果我們還是坐在一起了，我和○○彷彿就是天生一對！真希望明年我們還是同班，可以的話，希望國中、高中，都可以念同一所學校。

老師意見

這其實是很常見的現象，所以不需要太擔心。通常，這種情況在女生中比男生常見，在高年級也比低年級常出現。

孩童在過了把焦點放在自己身上的時期後，會開始把注意力放在自己以外的人身上，想要擁有「屬於我這一邊」的人。當他們開始有了「同一邊」的概念後，就會結交死黨，創造出明確的自我領域。

只要不是因為兩個人太要好，就完全排斥周遭同學，或做出令人不舒服的舉動，基本上都不需要太擔心，因為這是孩子學習如何生活的自然現象之一。

想確認孩子和好朋友的關係是否健全，請深入觀察兩人的關係，注意某些特徵。在小朋友的友誼中經常出現的特徵，包括無條件接受對方的一切，以及在說話時，抱持著想支配對方的態度。

不過，這樣的關係並不健全。不能因為是好朋友，就什麼都接受，應該是因為好朋友的話可以說服自己，所以才接受。不能利用對方覺得不該拒絕死黨的心態，去叫對方做事，反而應該成為鄭重向對方拜託的關係。

家長應該告訴孩子，即便是好朋友，彼此也有應該遵守的界線。

但即便如此，如果小學生真的只和好朋友一起玩，也不太理想，因為孩子失去了和不同人相處、培養社交能力、體驗各種事物的機會。

這時，我們可以問問孩子以下問題：「要是那個同學轉學了呢？」、「要是那個同學生病了，好一段時間不來上學的話，怎麼辦？」

拋出一些模擬問題，讓孩童想像沒有死黨的狀況吧！要讓孩子自己感受到，總是兩個人黏在一起，也可能有其壞處。

我推薦讓孩子在校內擔任一些職務的方法。像是參選班級幹部的經驗，就可能帶來非常好的變化。他或許會發現，原來有時候他必須去擄獲其他同學的心，而當選之後，他就會有更多和許多同學交流的機會。

此外，家長也可以向班導師求助，請老師幫忙創造更多讓孩子和同學交流的場合，增加一些小組活動。

31 青春期來了，我該怎麼幫？

父母的擔憂

我家孩子開始進入青春期，整個人變得很敏感，連交友關係也是。本來很要好的朋友，也會一夕之間變成仇人。雖然我身為父母，想盡力幫助他，但有時候我也覺得很累。成績、外表之類的問題，即便他處於青春期，我還是能夠提供幫助，但交友關係牽連到其他人的孩子，真的很難辦。

孩子的真心話

交友方面的問題，我會自己看著辦，不知道為什麼要一直問我跟那個同學發生了什麼事。而且，我也不想聽爸媽的交友經驗，他們以為現在跟他們當時情況一樣，真的很煩。

老師意見

家裡有青春期孩子、處處碰壁的家長們真的很偉大。在韓國，每年考大學入學考的學生約有六十萬名，所以同一屆的家長約為一百萬名。這等於有一百萬名父母，都在和青春期的孩子搏鬥，這樣有安慰到各位嗎？

我這麼說是因為，有時候，意識到有很多人也承受著同樣的疲憊，就會覺得自己的痛苦感覺變輕了一點，因為大家都在一起努力著。

其實，對孩子也是一樣，光是**明白不是只有自己這樣，就能帶給他們很大的力量**。我們可以告訴子女，青春期是每個人的必經過程，大人都經歷過，你的同儕們也正在經歷。明白不是自己一個人難受後，就會有種彷彿有人一起分擔痛苦的感覺。

在孩子產生變化的時期，若不能認可孩子，只是一味的用和從前一樣的方式對待他，反而會傷害彼此的心。因為父母和以前別無二致，孩子卻改變了，假使家長努力想把子女抓回來，子女只會更想掙脫父母的懷抱。

青春期到來後，就該為孩子的成長慶賀，讓他們過得自由自在。

青春期的孩子會有幾項主要壓力，例如課業、成績、交友關係、戀愛關係、外表、家

表 3-1　青春期的不同發展

發展領域	特徵
生理發展	出現第二性徵。
社會發展	轉變為以朋友或同儕為中心的思考方式，獲得他們的認可變得很重要。
自我發展	發展出自己能夠成功解決問題的信念。
認知發展	語言能力發達，字彙量大幅增加，發展出理解抽象概念的能力。
情緒發展	感受各種複雜的情緒（羞恥、愧疚、自豪等），表達情感能力增加。

人、未來志向等，其中最棘手的就是交友關係。成績或外表等問題，可以靠自己去改善，但交友關係跟別人有關，不是自己做得好就能解決的問題，所以更加棘手。

面對如此棘手的交友關係，父母若像是對待小孩子一樣莽撞的干涉，孩子一定會感到抗拒，因而關上心門。青春期的孩子，身心都面對著突如其來的變化，每天彷彿處在驚滔駭浪中，朋友對他們而言，比生命還重要，這時，家長一定要同理他們，耐心等待。

雖然干涉程度要壓到最小，但還是要告訴子女，你們對於子女碰到的問題，隨時都很關心。

這個時期的孩子很矛盾，想獨立、又想依賴他人。極度想要獨立的青少年，就算想保持和父母的距離，不想被爸媽管，但還是迫切希望能感覺到「無論我什麼時候回來，父母都會在那裡」的感受。

我們要明白，孩子絕對會有這樣的矛盾心態，並尊重他的兩種需求，然後告訴他：「需要我幫忙時，隨時都可以求助，我會緊抓你的手，盡全力幫你。」青春期孩子需要的父母，就像一個隨時都能靠岸的港灣。現在，父母不再是船長，而是任由船隻停靠又離去、隨時都能依賴的避風港。

父母要像百變怪，不固守某個觀點或立場

百變怪是一種寶可夢怪獸，牠可以變身成任何寶可夢，因為其身體細胞組織，擁有變身為其他寶可夢細胞的能力。

在卡通裡，有一段很感人的場面。百變怪有了小孩後，為了照顧小孩而不斷變身，要幫小孩洗澡或跟他玩水時，就變成水屬性的傑尼龜；教小孩如何生火煮飯時，就變成火屬性的小火龍、睡覺時則變成岩石系寶可夢，保護孩子不被周圍生物攻擊。

此外，跟小孩玩耍時變成擁有長臂的寶可夢；想讓孩子看見更寬廣的世界，就變身鹿類寶可夢；要抵抗敵人時，則變成恐龍寶可夢；需要飛上天際時，就變成鳥類寶可夢。等到孩子長大、要獨立的那天到來，牠才會變回自己原本的

樣貌。

父母有時扮演著給予建議的角色，有時又擔任情緒垃圾桶，還得當一名當機立斷的監護人。

這告訴我們，不要固守一種觀點或立場，父母需要變換多重角色，配合孩子的成長和變化，像百變怪一樣，展現出多樣的反應和樣貌。

32 女兒打不進女同學的圈子

父母的擔憂

我女兒和男同學們非常要好。可能是因為她個性豪爽大方，所以經常和男同學們玩在一起。

本以為是優點的個性，現在卻有點令我擔心。雖然和男同學打打鬧鬧、開心聊天也很好，但進入青春期、第二性徵開始發展後，還跟生理上有差異的男同學這樣玩在一起，真的讓我很在意。我從沒看過孩子和女同學玩在一起的模樣，究竟該給孩子什麼建議才好？

孩子的真心話

我怎麼會不想和女同學們一起玩？但是，和女生相處時，不知道為什麼，我就是會覺得很氣餒。可能我的個性和女生們不太合吧！感覺她們好像覺得我很煞風景。但是，如果我在男生群裡講一樣的話、做一樣的行為，卻很受他們的歡迎，而且跟男生混在一起的時候，我不需要偽裝，可以舒適的相處，我覺得這樣才自在。

老師意見

隨著年級逐漸升高，男同學和女同學的差異就越分明。不僅是行為上的差異，外表也是。學生身體的變化巨大，尤其女生會比男生更快出現第二性徵；此時，女生容易形成小圈圈，一起聊聊身心上的變化，便能自然的接受自己的改變。

因為同樣性別會有類似的經驗，彼此之間較容易產生共鳴，就不怕被嘲笑因為青春期的變化而被當成特殊人物。即便異性朋友之間再要好，這仍舊是同性朋友之間才能感受到的好處。

可以請媽媽或其他女性長輩跟孩子說明，為什麼融入同性別朋友的圈子是件很重要的事。

首先，請一起探索身體的差異，可以比較爸爸和媽媽、哥哥或弟弟的身體，當作教材。

還要告訴孩子社會上的差異，性別會使人在社會上的活動有不同的限制。大眾澡堂或公共廁所使用上也有差異，還有只限男生或女生能做的事情（像懷孕、生產、服義務役等），了解這些對於孩子明白男女有別將會有幫助。

明白這些差異後，就可能成為融入同性朋友之中的墊腳石。

「明明是女孩子，為什麼卻喜歡和男生玩？」針對這個問題，我們必須了解個中原因。她喜歡運用肢體的活動嗎？還是曾經在女同學微妙的關係中受過傷？又或者，她沒什麼機會和女生一起玩？

如果是因為受過傷，那就要了解受傷的原因，並治療傷口。如果以前有過類似的創傷事件，請父母找出事件原因，幫忙解決，並撫慰孩子的傷口。

不然，也可能是一直沒什麼機會和女生相處。通常，這類孩子出生在兄弟多的家庭，又或者處在和男同學或爸爸相處時間較長的環境下。如果是這類型的孩子，就替她創造能夠和女同學一起相處的機會吧！

CHAPTER

4

這種時期，人際關係就是一切

33 他的意見經常被朋友否決

父母的擔憂

我家孩子說，他的意見經常被忽略，他也不是不擅長言詞，語言能力也不比同儕差。前面一、兩次還覺得沒什麼，但一直反覆聽到他被同學否決，覺得情況似乎有些嚴重。也許同學們有自己的理由，但身為媽媽，就是覺得很心疼，該怎麼幫他才好？

孩子的真心話

休息時間的時候，大家會一起去體育館打躲避球。但是，如果我說「一起去打躲避球吧」，同學都會當作沒聽到，或擺出「誰要去」的驚訝表情；相對的，如果其他同學說了一樣的話，班上同學都會照做。我真的很討厭他們，他們每次都裝作沒聽到我說的話，就算我的意見恰恰是正確答案，他們就會做出「怎麼會有這種事」的反應。

老師意見

無論是開玩笑或真心話，如果孩子的意見一直被同學們反駁，孩子肯定會很挫折。再怎麼外向、有自信又個性爽朗的孩子，也會覺得吵鬧的教室非常冷清，好像只有自己一個人一樣。我帶過的孩子中，就有孩子因為這樣的原因，後來出國留學。

如果不去了解確切原因、對症下藥，孩子會越來越畏縮，然後產生「像我這樣的人本來就該被忽視」的想法。

如果孩子老是被同學拒絕，是因為他已經被同學「貼了標籤」。我在之前的作品《酸甜法則辭典》一書中，曾介紹過「標籤效應」，又可稱為「烙印效應」。所謂烙印，主要用於古時候的奴隸和犯人身上，為的是讓眾人知道你是奴隸或犯人，而如今，這個用語主要被用來說明一種社會科學理論，假設在某人身上烙下罪犯的印記，那個人就會將自己視為罪犯。

校園中也有大大小小的烙印效應，假設今天走廊上有一條香蕉皮，旁邊有人在哭，雖然沒人看見是誰放的，可是大家都會認為，是一天到晚愛捉弄人的搗蛋鬼〇〇做的。

如果平常上臺發表都表現得很不錯、總是熱心助人、分內事情都有做好的孩子，某天不小心做錯事，大家會覺得只是碰巧。但是一天到晚都闖禍、經常遲到的孩子一旦做錯事，大家會無意識中覺得「又來了，反正他就是這樣」。標籤就是這麼自然又可怕的現象。

前面的案例是孩子被同學貼上負面標籤的情況。在這種時候，不管他的言行舉止是對還是錯，因為已經被貼上標籤，所以一定會迎來負面反應。所以，我們要找出他被貼標籤的原因。

如果同學拒絕他的理由很合理，等於我家孩子的態度是問題的癥結點，那只要改正就行了。

但是，如果不管我家孩子怎麼做，周圍同學就是不安好心，存心拒絕他，那就要勇敢正視問題，或是選擇忽視他們。請大膽告訴孩子，不要去和那群同學玩，找別的同學玩也沒關係。

為了撕下標籤，請參考以下幾種解決方法：

1. 藉此機會回顧自己

反思自我的最佳方式，就是記錄。每次被同學否決或忽視時，都請記錄下來，描述發生了什麼樣的狀況、說了哪些話。這麼一來，就能知道自己的說話習慣和交友時遇到的障礙有什麼關聯性。

最重要的是，我們可以透過說出的話語，來觀察同學沒有表現出來的心情。所謂知己知彼，百戰百勝，如果能夠好好了解自己和對方，撕下標籤就會變得比較容易。

2. 向同學看齊

某些同學提出意見都會被接納，背後一定有其原因。第一，是個性積極；事事都熱情參與的同學，通常會扮演領導者的角色，所以意見經常會被接納。第二，是懂得傾聽；還有什麼比懂得傾聽更能擄獲他人的心？因為懂得聆聽同學意見，所以同學也會願意聽自己說的話。第三，是懂得換位思考的態度；只想到自己、自私自利的人提的意見，沒有人會喜歡，這是人之常情，在孩子的朋友圈中亦是如此。

可以問問子女，他有沒有覺得哪個同學很酷、令人羨慕，然後練習仿效那位同學言行舉止中的優點。這樣一來，某天自己在同學之間，也會形成正面的形象。

3. 練習說服他人的技巧

雖然每個人提意見的方式都不一樣，但大致上可以分為命令型和說服型。命令型的人堅信自己的意見是對的，通常個性非常固執；說服型的人則傾向於把重點放在如何有效表達自己的意見上。

孩童認為自己比同學還厲害時，會採用命令型語氣，若認為彼此對等，則會採取說服型語氣。你的孩子屬於哪一種呢？

我推薦各位和孩子一起練習說服的技巧，**嘗試在提出意見時，舉出理由說明為什麼要提出該意見**，多多運用「因為」、「原因是」、「所以」，這些是讓對方同意自己的關鍵鑰匙。

34 整天都跟同學膩在一起

父母的擔憂

我家孩子每天都跟同學膩在一起。問他今天過得怎麼樣，就說在學校或公園跟同學一起玩、一起去了哪裡，整天都在說同學的事。總覺得他不是為了念書才去補習班，更像是為了跟同學一起玩。我怕他在朋友身上浪費了太多精力，但也不能直接叫他不要跟同學玩。

孩子的真心話

爸媽好像只想聽我聊課業。如果我說起和同學之間發生的事，他們都不會認真聽，左耳進，右耳出。相反的，要是我說到考試或作業，他們就超級有興趣。我最喜歡分享的就是朋友之間的事情，所以很常自然而然的提到，但看他們這種反應，我都不敢隨便開口了。

老師意見

人生，建立於人和人的關係之上。我們在無數的關係中生活，孩子們也是。尤其，**在孩子的世界中，關係就是一切**；他們和大人不一樣，戒心比較低，所以對小朋友而言，人與人的關係更是扮演了更大的角色。

父母、祖父母、親戚、老師、長輩、同學、哥哥、姊姊……他們在無數的人際關係中互動，而其中，對小學生而言，朋友占據的比重非常大。校園內、放學後、補習班、鄰里間，在這些家以外的空間，他們締結了許多友誼，所以會花很多時間和朋友相處，也是很自然的現象。

再加上，對小學生來說，課業和未來志向發展並不是那麼重要。低年級是孩童第一次自主交友的時期，到了高年級，孩子則會開始將朋友視為等同自我、和自己同一邊的人。因此，孩子會如此重視朋友，是成長過程中非常正常的現象，父母要先接納這一點。

小朋友平常分享的內容，都關乎對自己最重要的對象或事件，在這個時期經常談起朋友，表示他的交友關係非常圓融。

對小學生而言，發展社交能力是最重要的課題之一，因此，締結深又廣的交友圈，培養社交能力，是非常值得稱讚的事情。就成長階段來看，這是最棒的學習方式，請父母不用擔心，替他的友誼加油打氣！

多讓孩童和朋友相處，也能強化親子關係

此外，藉由支持孩子和朋友相處的時光，可以塑造出和孩子互相信賴的親子關係。孩子和朋友相處時發生的事情，可以當作對話素材，比如說，孩子如果講到一起玩的朋友喜歡看書，那接下來就可以抓住看書這個關鍵字來延續對話。

「那個同學都看什麼書？」、「你覺得他為什麼喜歡看書？」、「你自己覺得看書怎麼樣？」像這樣**和他討論朋友的好習慣，比起媽媽自己成天碎碎唸，要求小孩多讀書更有效**。

簡單來說，父母要嘗試誘導對話，不能只是聽完孩子說的話就結束了，而是能夠延伸到值得學習的部分。透過和朋友之間發生的事、聊過的話，孩子可以更加成長。

和孩子聊聊哪些地方值得學習、有沒有發生過令人不舒服的舉動、他和朋友都怎麼聊天、同學喜歡什麼東西等。若有值得學習的部分，就好好看齊，若有需要改善的部分，就當作反面教材使用。

要花多久時間跟朋友玩？讓孩子自己計畫

每個人一天都只有二十四小時，但是，這不代表大家都會好好運用。所有人都公平擁有的僅是「量」，「質」卻不同。

埋頭於某件事情上的時候，一小時過得就像一分鐘一樣快；相反的，如果是很不想做的事情，光是一分鐘就像過了十小時一樣。所以，對每個人來說，時間的質都不同，每個人擁有的二十四小時也大不相同。

如何運用時間，對我們的人生會造成莫大的差異。請告訴孩子時間有多麼寶貴，讓他能夠計畫、評估並改善時間表，藉此掌握每一天的時間。孩子可以自己計畫要跟朋友玩多久、調整一天之中和朋友相處的時間長短等，便會更把握這段時光，而且因為是自己設定的，也比較願意自主遵守。

當然，和朋友一起度過的時光也屬於學習的一部分。不過，如果在朋友身上花的時間，多到讓課業或其他部分受到影響，就需要約法三章。

首先，父母要和孩子站在對等的立場分享彼此的想法，然後調整父母及孩子的不同期待值，嘗試達到平衡。先和子女討論與朋友相處的適當時間量，再約法三章，而且約定內容必須考慮到孩子的行程和狀況，最後，再鼓勵孩子遵守約定。

此外，還有一個基本事項，就是無論在哪裡、和誰一起，都一定要告知父母，比方說，如果長時間待在外面，每兩小時要打一次電話，轉換場地時一定要告知等。雖然可以尊重孩子的意願和決定，但還是要設定適當的範圍。

不僅如此，教導孩子運用時間的方式，還可以連帶養成固定時間寫作業、和家人相處、回顧自己的習慣。

35 別人的孩子，帶壞了我家小孩

父母的擔憂

我家孩子很容易受同學影響。最近他和同學聚在一起，不僅隨意吐痰，還成天把難聽的字眼掛在嘴邊，整個人變了很多，連我都不禁心想：「這真的是我的小孩嗎？」

本來在我們社區裡，他是乖巧到不行的孩子，但他周圍的同學第二性徵發展得比較早，不是我存心要戴著有色眼鏡，但這樣的同學好像都會做些不良行為，帶壞身邊的小朋友。聽說上了國中以後，這些孩子還會喝酒、抽菸、看成人影片等，做出更踰矩的行為，讓我擔心不已。

孩子的真心話

跟朋友們在一起時，我就有種大解放的感覺，就好像從擁擠的籠子中逃出來一樣。還有，這些行為又不會帶給其他人天大的傷害，幹麼那麼擔心？因為爸媽連這種小事情都要管，完全不能諒解我，我反而感到更鬱悶，所以更想跟朋友待在一起，尋求自由的快樂。

老師意見

「沒想到我的孩子會這樣。」

這是每回諮商時，家長最常說的話。明明在家裡是溫馴的小綿羊，天真無邪，完全不做負面行為，但目睹孩子和同學相處的樣子後，家長大吃一驚；他們在家裡認識的孩子，和學校裡的模樣差異越大，衝擊也就越大。

就像大人在社會上會戴上面具一樣，小朋友也擁有多重樣貌，這是人類在社會化的自然過程。不是我的孩子騙我，也不是他隱藏另一個模樣，仔細想想，孩子對待爸爸和對待媽媽時的樣貌，也會逐漸有所不同。同理，他們在家裡和在學校的樣子也不一樣。

孩子就像海綿一樣，什麼東西都會快速吸收。我自己在教學生時，有時也會驚訝的發現，就算上課時講授的內容沒那麼快吸收進去，但我上課時常用的手勢、姿勢、表現情感的方式、說明事物的語氣、經常說的話等，他們卻能迅速發現並內化。

當然了，他們也會受同學影響，這部分只能由父母好好注意，加以教育。越是負面的影響，吸收速度就越快、越致命，所以，如果發現有問題，就得盡快改正。

遇到這種狀況時，首先，請先了解為什麼會做出這些負面言行舉止。先了解原因，才能找到解決方法，沒有什麼行為是毫無來由的，請仔細觀察孩子是不是真的受朋友影響，才會說這些不好聽的話，還有為什麼和朋友在一起時，他要做出這些負面言行舉止，或是主要受到哪個朋友影響。

和朋友一起做出負面行為，大致有以下幾種原因：第一，是為了宣洩。和朋友在一起會給孩子們帶來一種解放的感覺，如果做壞事，還可以再感受到脫軌的快感。尤其對乖巧的孩子們而言，這種解放和脫軌的快感雖然很陌生，卻又微妙的令人上癮、心跳加速。

第二，集體行動會減輕他們的罪惡感。有些行為，一個人做會感到害羞、沒有勇氣做，但是集體去做的時候，反倒能夠輕鬆做出來，最後因為罪惡感減少，就放低警戒心，做出欠考慮的言行。再來，是想藉此獲得他人的關心；最後，則是搞不清楚狀況，不清楚這些言行舉止代表什麼意義、會造成什麼影響；其實，很多孩子會盲目跟從其他同學，但自己根本搞不清楚這些舉動的後果。

這種現象有時只是暫時的，像流行文化一樣，之後就會消失。如果孩子剛接觸負面言行不久，可以先靜靜等待，趁這段時間了解確切原因，幫助爸媽做出正確診斷，冷靜處理。再者，若是暫時現象，嚴格訓誡可能招致反效果，不小心讓孩子產生反抗心態，導致他刻意繼續做。

不過，如果根據父母的判斷，情況已經嚴重到必須立刻教育子女，那我會建議先從語言教育開始，也就是**告訴孩子他們經常使用的髒話究竟是什麼意思**。

髒話通常帶有性方面含意或是侮辱家人的意義，只要讓孩子知道真正的意思，就能減少使用頻率。

請告訴孩子，自己的言行舉止可能會帶給他人負面觀感及影響，而且這樣的行為對自己也不好。不妨讓子女到房間面對鏡子，重複自己說過的話、做過的舉動，這麼一來，子女大概就會因為感到羞恥而沒辦法正視自己。

不良行為可以紓壓，卻容易上癮

此外，我們也應該告訴孩子，想體驗解放和脫軌的快感，這些並不是理想的紓壓方式。就算不良行為可以暫時消除壓力，但沒辦法真的感到滿足，所以只會反覆脫軌，最終上癮。

以問題學生偷騎摩托車為例，一開始他們是為了享受飆車的快感，覺得這樣做很紓壓，但漸漸的，他們會越來越追求刺激感，到後來就上癮，導致各種危險狀況發生。

其實，很多孩子唯一的紓壓方式，就是和朋友做出不良行為，尤其是在家裡很壓抑的孩子，更容易變成這樣。雖然他們也知道做這些事，壓力並不會真的消失，但他們也不知道有什麼更好的辦法。

這時，父母可以和孩子分享自己的經驗，比如理想的紓壓方式有運動、露營、和家人聊天、欣賞電影、唱歌、吃美食等。有時候也可以用大吼大叫、跑步流汗等簡單的方式排解情緒。最重要的是，我們必須告訴孩子，誠實說出壓力來源，找出解決辦法，才是最理想的做法。

也別忘了告訴小朋友，集體行動有其優缺點。一群志同道合的人一齊發聲，力量會更大，這是好事；但如果是獨自一人就不敢做，只敢躲在人群裡做的行為，一點也不正派，只是卑鄙。

此外，還要告訴孩子，做不良行為不代表你更厲害。**有些孩子講髒話或施展暴力，是為了讓別人覺得自己很強壯，但這反倒更展現了自己的懦弱和自卑。**家長若能舉一些實例，說明真正的厲害是什麼，會更有效果。

孩子突然耍壞，可能是他的求救信號

有些孩子做出負面行為，是為了吸引注意力，也就是藉由做出問題行為，讓父母、老師和周遭的人注意到他。像是本篇案例中本來文靜的孩子，自己可能不敢做出問題行為，所以經常和朋友一起做。

這種小朋友在團體中大多不是主導型，而是受朋友影響的類型。通常，只要能滿足這類型的孩童被愛護、關心的需求，大部分問題都會迎刃而解，簡單來說，如果子女的目的是要獲取關愛，那只要多多滿足這項需求就可以了。

如果已經花了很大的心思去教導孩子，他還是沒有改變，這時最重要的，其實仍是一貫性和持續性。父母的教育不能受狀況和情緒而變化，今天心情好，所以放鬆一點、因為和鄰居在一起，所以沒有馬上出手制止……這些狀況都會害孩子更加混亂。所以，教導孩子時要講得足夠具體，持續不斷，一直到孩子改變的那一天。

當然，視情況不同，也可能必須考慮遠離壞朋友。但是絕對不能用命令或強迫的，如果沒有給孩子一個充分的理由，好好說服他，他不會放棄朋友，因為那是「叛徒」才會做的事。這個時期的孩童認為，他們有義務保護朋友，不會輕易受那些說朋友是壞孩子的人影響。

36 孩子和朋友的關係不對等

父母的擔憂

我家孩子說要念書，可是缺了某些文具用品，所以我當然會買給他，而且買那些東西也不是什麼難事。但是，因為他實在太常說要買了，我懷疑他是不是很喜歡文具用品，想要收藏，後來才知道，孩子的文具用品都跑到鄰居家孩子那裡去了，真是氣死人。

孩子的真心話

不是對方硬要搶我的東西，只是我看他好像對我的文具用品很有興趣，所以就給他了。在某種程度上，我的確是為了討他的歡心，才會這麼做，但這樣做我反倒覺得很自在，因為我覺得他在學校的地位、階級比我高，所以維持這樣的關係，其實也不差。

老師意見

在韓國，處於優勢的甲方（雇主）容易對乙方（受雇者）做出不當行為，頤指氣使、占對方便宜，這種現象被稱為甲方行徑。

對小朋友來說，力氣大、個頭大、家裡有錢、會念書，就等同處於甲方優勢位置，因此，他們可能會瞧不起比自己弱勢的同學，因而嘲笑他們。不管對方條件怎麼樣，都應該好好對待他們，他們卻錯用了弱肉強食的邏輯，輕視對方。

小朋友可能會認為，因為我比較厲害、懂得比較多，所以可以瞧不起別人、欺負他人，這是因為他們不清楚仗勢欺人的嚴重性。不管是專找弱小同學的麻煩、讓他出糗，或是要他跑腿、幫忙做自己不想做的事情、插他的隊，又或是明明沒事，卻一直去煩他……這些都算是仗勢欺人的行為。

有些欺負人的孩子會以為，他這麼做只不過是在展現自己的地位。但這就是仗勢欺人，是一種暴力行為，父母也要跟孩子說清楚這點，順便分享充斥在社會上的甲方行徑。這樣子女才會明白，原來自己在教室裡隨意做出的一個行為，會在社會上引發多大的問題，又有多少人會因此受傷，並感受到自己的一言一行有多麼重要。

孩童在友誼中處於劣勢，原因有三種

爸媽可以嘗試觀察，為什麼孩子面對朋友的言行舉止，不會做出任何反抗，只是任人擺布。孩子若能親口說出原因當然最好，但可能不太容易，若是這樣，請觀察孩子的行為，如果能夠察看孩子寫的文章或紀錄，也許能找到蛛絲馬跡。

不然，也可以詢問周圍的大人（班導師、補習班老師），也許他被別人抓到了把柄、因為處於弱勢，被對方的強勢懾服，又或是因為想跟對方待在同一個圈子，只好委屈自己。

有的孩子是因為做錯事，被抓到把柄，或不想被人知道的陰暗面被發現。舉個簡單的例子，他可能偷了同學的東西，恰好被那個仗勢欺人的同學得知，或是作弊被發現，又或是同學手上有他不想被別人看到的照片或影片。倘若是這樣的情況，請和班導師談談，可能需要大人介入處理。

即便祕密被揭開會換來短暫的痛苦，但持續被當成乙方，很可能帶來一輩子的苦痛。

這時，爸媽必須先伸出援手，讓孩子明白，如果遇到這種狀況，應該和長輩討論，一起解決問題。之前我帶過的班級中曾有過類似事件，最令我驚訝的是，孩子們認為的把柄、祕密，站在大人立場來看，根本沒有什麼。因此，千萬別讓孩子在長大成人、累積許多經驗之後才明白，原來那個弱點並沒有重要到值得他向別人低頭。

另外，有些孩子是被對方的力氣懾服。上小學以前，力氣大或小可能會成為孩子們判斷同儕厲不厲害的標準，但是逐漸升上高年級，或成為國、高中生後，那個標準會變成成績高低；進入社會後，指標則改變為權力或金錢多寡。

厲害的標準一直在改變，但重要的是，不能因為厲害就去踐踏他人，或因為不厲害就被踐踏。家長可以和子女聊聊，什麼樣才叫做厲害，並讓孩子明白，單純力氣大並不代表什麼。

有些孩童則是因為同學很厲害，所以感到氣餒。這時，因為孩子的思想被限制住了，所以要由我們來提高孩子的自尊感，並啟發新的思考方式。

小朋友並不知道，在七十億人口中，他是獨一無二的存在，沒有人和他過著一樣的生活、有同樣的經驗，沒有人和他一樣。最重要的是，他的存在本身就是很寶貴的一件事。

除了告訴子女這件事之外，也要和他說，不要用身高、外表、成績、金錢、權利等條件來貶低自己。但是，也不應該因為這樣，就說「你那個同學也沒什麼」、「你其他方面比同學優秀」之類的話，而是應該打破比較的思考方式，讓他明白自己的價值。

因為同學很厲害而感到氣餒的孩子，通常很容易陷入一種陷阱——當他總算在某方面比那個同學厲害，或碰到比自己弱的同學時，他們可能也會開始瞧不起對方，害對方氣餒。所以，一定要改變孩子的想法。

最後，假如是因為想打進那個同學的朋友圈，才任由同學頤指氣使，我們必須教導子女：朋友之間應是令人開心的關係，和一群賤待我的朋友在一起，等於放任自己賤待自己。當別人可以像我一樣珍視自己時，才能形成一段理想的關係。

要讓小朋友知道，雖然不和那些人當朋友很難受，但那份痛苦也不會有持續被欺負的痛苦大。還有，要向孩子保證，他肯定也能交到和自己心靈相通的好朋友。

親子關係中，也可能出現「甲方行徑」

其實，根據教育方式不同，親子間尤其容易形成上對下的關係。當然，改正孩子的錯誤是父母該扮演的角色，但是有些孩子被罵時，完全沒辦法理解為什麼，心裡有話想說，父母卻不願意聽。此時，小朋友就會感受到和交友關係中一樣的不對等。

有一句猶太人名言說：「**如果你用右手處罰，就要用左手擁抱。**」如同這句話所示，處罰完孩子之後，當天一定要花時間去擁抱他、安撫他，**不要讓孩子把前一天的情緒帶到隔天的生活或是睡夢中**。

無論父母是甲方還是乙方，這種不對等的關係都不理想。好好回顧一下親子間的互動，對於解決孩子的交友問題，也能帶來更有效的結果。

37 怎樣才能讓他學會主動道歉？

父母的擔憂

我家孩子和同學吵架了，雖然站在父母的立場，一定是站在孩子這邊，但是客觀來看，這次真的是我家孩子的錯。雖然不知道他聽不聽得進去，我還是跟他實話實說了。「因為是你做錯了，所以要去道歉。」聽到這句話，孩子擺出「我才不要道歉」的表情。真不知道他到底是像到誰，才會這麼固執。

孩子的真心話

明明不是我的錯，我不懂為什麼只叫我道歉。而且吵完架以後，不知道是不是因為傷自尊的關係，覺得很難和對方和好。不過，就算不道歉，時間久了也會忘記，所以不一定要急著和好。仔細想想，其實我的確錯得比較多，但我還是希望不要只叫我道歉，希望有人能來替我評評理。唉，雖然想和對方和好，但又覺得好像太遲了。

老師意見

孩子為什麼不道歉？通常是因為傷自尊心。他們誤以為先道歉就是示弱，就等同認輸。其實，誰先道歉並不重要，請告訴孩子，真正的勇敢，就是懂得先原諒、先道歉、先伸出手。

不過，道歉這件事，連大人都很難做到，若想讓孩子實踐，就得先讓他們明白道歉的意義。

此外，另一個不願意道歉的原因，是覺得自己真的沒有做錯。這時候，就要去了解事情的來龍去脈，看看子女是不是真的沒有做錯的地方。發生衝突時，其實很少有某一方完全沒犯錯的情況，大部分都是因為自尊心而拉不下臉。

比互相道歉更重要的事，是好好原諒。對方有沒有道歉，並不會決定衝突的勝敗，我們應該把焦點放在有沒有好好原諒。一段衝突能帶來的最大好處，就是「原諒」，透過原諒，孩子能變得更成熟。

學校是和同儕一起合作、競爭，學會融入團體生活的地方。小時候在家裡，孩子在爸媽的愛護之下，學會以自我為中心的生活方式。但學校是一個新的地方，他們會遇見和自己站在對等立場的同儕，必須經歷讓步、說服等社會化過程。面對團體生活不可避免的意見對立和衝突，他們不能再隨心所欲，必須在這個過程中學習道歉。

請和孩子分享家庭和學校的差異，並一起談談和家人及和同學在一起時的不同。自己一個人與和許多人在一起相比、私人空間和公共場合相比，這樣的比較能讓孩子感受到，為了融入社會，道歉是必須的。

道歉時說對不起，原諒時說沒關係，看起來很簡單，做起來卻不容易。這時，可以由父母先親身示範給孩子看，孩子才會明白原來道歉不難，是很自然的行為。

大人也會不小心犯錯，這種時候就是父母示範的最佳時機，和小朋友起衝突時，也請先向他們道歉，他們將能藉此學到先向朋友道歉的方法。

此外，也可以透過各式各樣的繪本來學習。我推薦《獅子變小了！》、《原諒仇人的王子》、《爭吵與和好》（*Manchmal gibt es einfach Streit*）、《長頸鹿提莫不一樣了》、《對不起，蘋果樹！》等作品。

有時候，即便我們想要修復關係，道歉仍舊不容易。儘管真的覺得很抱歉，有時候就是開不了口，沒有勇氣說對不起；此時，如果有人可以幫忙，當然很有幫助，你是否也曾有過由別人擔任協調角色，安排機會讓你和他人和好的經驗？

孩子們也是一樣，我們可以告訴子女，請別人幫忙也是一種辦法。很多孩子都想和同學和好，卻不知道該怎麼做。這時候，如果能由父母或老師，或者其他同學從中介入，肯定會帶來很大的助益。

我們可以和子女說：「如果你真的希望可以和解，但是又做不太到的話，一定有人可以幫助你，無論何時，儘管伸出手請求幫助。」

之後，父母可以聯絡對方父母，邀請他們來家裡玩，安排一個可以相處的場合，不然，也可以和孩子一起寫一封表達心意的信。有了父母或教師在背後默默推一把，孩子就能和朋友和好如初。

38 靠禮物或錢交朋友

父母的擔憂

我家孩子總說他零用錢不夠用，我問他怎麼會不夠，他說補習班下課後肚子餓，所以要和同學們一起去買點心吃。我告訴他，那媽媽在家裡準備點心給你就好，但他卻說一定要跟同學去外面吃辣炒年糕。後來我才知道，那是因為他都把那些零用錢拿去請同學吃東西，所以才不夠花。

孩子的真心話

有一次，因為同學沒帶零用錢出來，說不能跟我們一起去吃零食。看他一臉非常可惜的模樣，我就說我請他吃，後來，他露出了非常開心的表情。那天，連站在他隔壁的那個同學，我也連帶一起請了，因為我也想跟他變熟，不過一直沒機會說上話。我不知道只是請吃辣炒年糕，就可以這麼快變熟，所以我的零用錢都用在與朋友的相處上。

老師意見

我過去教過的學生中，就有一位為了交朋友，而利用了金錢的力量。

若仔細觀察他的對話方式，經常可以發現，當他為了交朋友或打進小圈圈時，會把金錢或禮物掛在嘴邊，以引起同學的注意：「下課之後我請你吃炒年糕，一起去玩吧！」、「我送你這個，要不要跟我一起玩？」、「想拿貼紙的就來這邊！」

這些話背後的含意，其實是想跟同學們一起玩，但是他搞錯了方法。他認為只有靠錢才能吸引同學的注意，誤以為沒有禮物，就沒有人會想跟他玩。

遇到這種情況，說到底，還是要改變孩子的思考方式。要讓孩子知道，沒有錢也能夠交朋友，利用物質結交朋友並不理想。如果孩子認為物質層面的東西可以讓他獲得或失去某些東西，這樣的想法越是根深蒂固，未來會越危險。

此外，也要和孩子分享和朋友建立連結的健全管道，像是個性、興趣、共同焦點、幽默、溝通、運動等，可以用很多種不同的方式交到朋友。

那麼，孩子為什麼會認為金錢和禮物是一種手段？他是從哪裡學來的？通常，這個技巧都是在家裡學來的。

請重新檢視家中談到金錢的對話內容，有可能是家裡特別執著於金錢，拚命想賺更多錢、想搬到更大的房子，所以經常提到錢的重要性；出外旅行或外出用餐時，如果經常提到「有錢真好」、「錢是最好的東西」、「沒錢真麻煩」、「沒錢啦」、「要花錢耶，乾脆不要去」這種話語，孩子也會耳濡目染。

如果孩子扭曲了錢的重要性，就會出現上述案例中的狀況。因為所有問題的關鍵都變成了錢，子女才會選擇用錢收買同學的心，認為朋友關係中，金錢扮演了絕對的角色。

這時，我們可以和小朋友一起**撰寫零用錢記帳本**。看看給孩子的零用錢額度是否恰當，有沒有用在適當的地方，通常，**如果零用錢比同儕多，較容易發生用禮物交朋友的情況**。

有些雙薪家庭或父母較忙碌的家庭，會用零用錢安撫孩子的孤單，但我們不能為了消除孩童的孤單，反害他把零用錢當成討同學歡心的工具。

總的來說，零用錢不是給了就算了，還得教育孩子如何使用。

39 因為轉學，打不進新環境

父母的擔憂

因為先生工作的關係搬了家，為了讓孩子維持穩定的情緒和生活，所以我一直努力避免讓孩子轉學，但最後還是不得不換學校。小時候，我爸爸是軍人，所以我也換過很多間學校，很能理解孩子會有什麼樣的心情。

不僅得和朋友分離，還要適應新環境，就算可以理解家裡的情況，但對於被迫轉學還是感到很哀怨。我家孩子第一次轉學，和從小就認識、一起長大的十年好友分開，而且在新學校似乎也適應得不太順利。不知道是不是因為對前一個學校還拋不開眷戀，他看起來不太好過。

孩子的真心話

我想和之前學校的朋友一起去校外教學，也想一起參加畢業旅行。這是我第一次和朋友分開，不知道怎麼說明這種心情。我在新學校還是孤單一人，大家都鬧哄哄的吃午餐，只有我一個人直盯著餐盤，安靜吃飯。新學校的同學都以為我本來就不愛說話，個性文靜，其實才不是這個樣子！

老師意見

離開小圈圈，脫離習慣的事物，只要經歷過一次，應該任誰都不會忘記這種感覺。小孩子剛上幼兒園時，因為不想和媽媽分開，也常常死命抓著媽媽的衣服不放，放聲大哭。

有時候，國小低年級的孩子也會出現這樣的情況。站在媽媽的立場，可能不能理解，還得趕著去上班的時候尤其如此：「去學校開心玩個幾個小時，就可以見到媽媽了，有需要哭成這樣嗎？」但是，對孩子而言，這不只是單純的分開，這對他們彷彿如死亡一般，發自本能的感到害怕。即便大人已經有過許多相遇和分別的經驗，和某個人分離依然是很難受的事情。

上述案例中的母親，因為有過轉學的經驗，所以比較能了解孩子的心情。但是，就算媽媽有過轉學經驗，不代表一定能百分之百同感小朋友的情緒；況且，面對新環境時，每個人的適應程度也可能是天壤之別。

若要轉學，父母最好盡量選在新學年或新學期剛開始時，因為在那段時間，大家都在重新適應，小圈圈還沒定下來，對轉學生而言也會比較輕鬆。不過，現實生活當然沒那麼簡單。

那麼，爸媽能如何為小朋友準備呢？

首先，**在轉學之前，請幫孩子打預防針，和他聊聊新環境會遇到的難處**。舉例來說，其他小朋友都知道彼此的名字，而且已經很要好，但那些小朋友你一個都不認識；子女可能連廁所和餐廳在哪裡都不知道，經常要向他人求助，就算想問問題，也可能不知道該怎麼問、要問誰，感到進退兩難。

像這樣，和子女聊聊可以預先想到的難處，然後再加上一句：「但是我們一家人都會一直替你加油。」

在電影《奇蹟男孩》（*Wonder*）中，主角奧吉（Auggie）天生外表就長得跟別人不太一樣，所以走到哪都戴著一頂太空頭盔。剛進入小學的奧吉，第一次脫下頭盔，見到一群陌生的人們，那細膩的情感透過大銀幕傳遞至觀眾心裡；連平凡的孩子第一次上學都不是簡單的事情了，對於奧吉而言，那又是多麼巨大又可怕的感受？

奧吉的爸爸送他到校門口時跟他說：「就算你覺得自己似乎是孤單的，你也不是一個人。」

就像這樣，我們要在孩子的心中種下希望的種子，讓他相信如果和家人一起努力戰勝，就可以過上順利的日子。也許交到朋友、適應學校需要一段時間，但是有家人一起替他加油，和他共享那段過程，一定能夠成為孩子最可靠的堡壘。

在電影的結尾，奧吉也在歷經各種事件後，累積了許多美好回憶，畢業時甚至榮獲模範生獎項。我也推薦父母和孩子一起，想像未來和同學們嘻嘻哈哈、開心相處的模樣。

剛轉學時，不需要太過勉強，其他同學已經形成了自己的小圈圈，想要打進去當然不容易，一開始就和同學變得很要好才奇怪。家長可以安慰孩子，一開始會感到孤獨是很自然的事情，在勉勵子女時，請他們一天只要邁出一步就夠了，不用勉強。

轉學生要融入班級，其實不需要什麼特別的契機，只要從和附近同學打招呼開始就可以了。從簡單的招呼開頭，慢慢就會發現對話越來越長，聊天的對象也從隔壁同學慢慢延伸到同組同學，再從同組同學變成全班同學。

在不知不覺中，就和很多同學變熟了，甚至發現自己已經融入這個群體中，大家都不記得你哪時候轉學來的了。請告訴孩子，放下焦急的心態，每天慢慢踏出一步就好了。

40 一直換朋友，每段友誼都不長

父母的擔憂

我家孩子很善變，上週跟這個同學很要好，這週又說要跟別人一起玩，不要跟上週的朋友好了。我真不知道他為什麼要一直換朋友，希望他可以好好的跟某個同學深交，建立長久的友誼，這樣才健康。

孩子的真心話

我也想和同一個人當長久的好朋友，但他就是做出了我討厭的舉動，要我怎麼辦？同學只要做出我討厭的舉動，我就會立刻變得反感，不想再跟他一起玩了。而且，要跟誰當好朋友是我自己的決定，但是爸媽老是想干涉我。

老師意見

回想看看，孩子從以前到現在，都是怎麼交朋友的？從幼兒時期經常看到的特徵開始，好好回想托兒所、幼兒園、國小不同年級的交友模式，包含班導師經常說的話、孩子常分享的事情、做的行為等，只要這樣去回憶，應該能夠找到某些特徵。

將過去和現在的交友模式做比較，通常會發現類似的模式。無論是過去還是現在，如果孩子的交友關係都很善變，那可以適當的給予建議和方向；不過，如果現在這段時期只是暫時的，那就不需要太擔心，先靜靜觀察就好。

如果像上述案例一樣，小朋友一直想和不同的同學玩，表示他很容易對朋友感到厭煩。這是容易對朋友感到失望、過於注意他人缺點的小朋友身上，較容易出現的現象。

經常變心、常常聊到朋友缺點的人，或許沒有想過問題其實不出在朋友，而是在自己身上。

頻繁出現這類情況的孩子，只要稍微變熟之後，就很容易把焦點放在自己不喜歡的特徵或和自己不合的缺點上，因而討厭那個朋友，將對方拒之門外。即便那個人有九個優點，他們也只會注意到那一個缺點，擁有這種特質的孩童，很容易失去真正重要的好朋友，也很難交到心意相通的密友。

這時，我們可以告訴孩子，人人都可能不小心犯錯，任誰都會有缺點，自己也不例外。沒有人是完美的，我也有優點和缺點，朋友也是。請讓孩子想一想，如果別人看待我的時候，只會放大我的小缺點，而忽略我更大的優點，會有多令人難過。

除此之外，也可以在紙上具體寫出自己和朋友的優缺點，如此一來，就可以客觀的看出原來自己常把焦點放在他人的缺點上。

所謂友誼，其實就是互相彌補彼此的缺點、凸顯彼此優點的關係。請和孩子聊聊，該怎麼讓我和朋友的優點更加凸顯出來，不足之處又該如何加強。另外，也需要培養用寬大的心胸接納他人的態度，讓孩子回頭想想，不想和朋友親近的原因，可能並不出在朋友身上。

此外，孩童會疏遠朋友，也可能有正當的理由，例如朋友做出暴力性的言行或舉止。雖然選擇疏遠朋友是一種比較極端的解決辦法，但有時候還是必須做出這樣的決定。家長可以和子女談談，目前的狀況是否需要遠離原先的朋友，去結交新的友誼。

如果有合理的原因，那就告訴孩子，在這種情況下疏遠朋友並不是背叛，而是一種選擇，並安慰孩子，讓他知道這麼做沒關係、這是可能發生的事。

只要那個原因是合理的，那就不是不好的行為，只是自然現象。帶給孩童傷害，或是對發展和成長沒有幫助、只是讓人不好過的關係，需要孩子勇敢斬斷。

41 剛開學很受歡迎，之後卻被疏遠

父母的擔憂

我家孩子在學期初都很有活力，但是開學過後一、兩個月左右，就會說他沒有朋友、很孤單。去年和前年也發生了一樣的事，只在學期初很受同學歡迎，時間一久，就說他和朋友沒那麼要好了，實在令人心疼。

孩子的真心話

真希望我的生日在三月剛開學的時候，可惜其實是在六月。本來希望這次生日派對可以有很多同學來參加，三月時還像是全班同學都會來一樣，結果生日快到的時候，同學們卻沒什麼反應。我本來想說，如果租一個場地邀請同學來，應該會有很多人願意參加，吵著要媽媽去訂位；雖然我也很擔心要是最後來的人不多該怎麼辦，但其實更擔心的是生日過了之後，同學們好像都不太想跟我一起玩了，一直在躲我。等生日派對一過，回到本來的日常生活，我可能會更憂鬱吧！

老師意見

剛開學時，就算是再活潑的學生，也經常靜觀其變、按兵不動。前一年同班的同學，則會三三五五聚在一起，這時候，如果孩子主動出擊，積極做出一些引人注目的事情，就會躍升為班上人氣王。沒人講話時，人氣王會用笑聲填滿寂靜，就好像在領導著群眾一樣，一開始會有很多同學圍繞在身邊。這時，孩子會認為他很受歡迎。

但是隨著時間流逝，同學們會喜歡跟和自已氣質較為類似、較聊得來的同學相處。這時，人氣王的人氣就會開始消逝，然而，孩子有可能還沒辦法脫離已經成為習慣的行動方式。家長可以觀察看看自己的孩子是否屬於這種類型，如果很難從跟孩子的對話中具體獲得答案，也可以請班導師幫忙。

受歡迎的同學可能有很多受歡迎的祕訣，但最基本的——是懂得傾聽。受歡迎的祕訣，可能包含長得好看、擅長運動、成績好等眾多原因，不過，大家最喜歡的還是懂得傾聽別人說的話、給予對方稱讚和回應的同學。這一點，小孩子和大人是一樣的。

就算一開始是靠機智幽默的言語而受到歡迎，仍要**懂得用真心傾聽他人說的話，才有辦法加深友誼**。我們可以教孩子以下三種傾聽他人的方法，一起在家裡練習。

簡單來說，傾聽分成三個階段，第一階段是用耳朵聆聽，第二階段是用身體聆聽，第三階段是一邊表達共鳴、一邊聆聽。

第一階段的重點是，不可以打斷同學的話，要從頭聽到尾。第二階段的要點則是要看著對方的眼睛。既然想看到對方的雙眼，身體就要稍微轉向說話方那一邊。只要看著眼睛，就能看清楚同學的表情，讀懂對方的肢體語言與細部表情，以及他想表達的意思。

到了第三階段，則要用「原來是這樣啊、哇、是哦、怎麼辦」等表達共鳴的語言，給予對方回應。

我們需要用不同的角度檢視，用客觀立場對待孩子。如果孩子在學期初明明很受歡迎，後來卻被同學慢慢疏遠的話，肯定有其原因，先找出確切問題後，再去改善。

家長不妨向班導師提出諮商需求，詢問「為什麼孩子不再受歡迎？」、「該怎麼樣才能挽回同學的心？」，一起找出問題所在。通常問題其實不大，畢竟孩子在剛開學時也很受歡迎，只要能夠改正那個小問題，還是能夠成為受歡迎的人。

圖 2-1　聆聽的三個階段

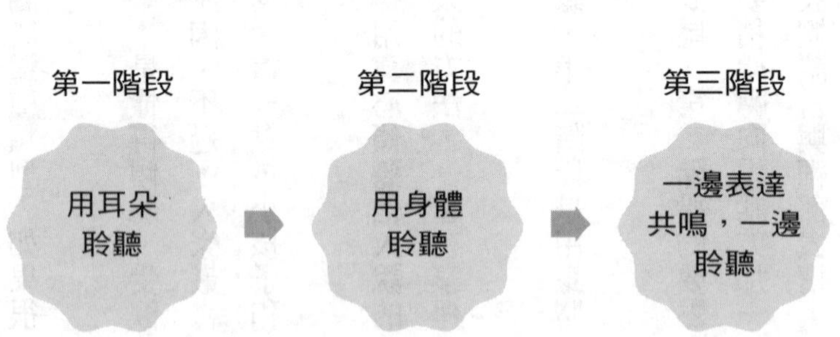

42 過度渴求同學的注意

父母的擔憂

我家孩子最關心的事情，就是同學的關注和認同，從他每天說的話之中，就可以深切感受到這點，像是：「媽，我穿這樣好嗎？」、「媽，我穿這樣同學會喜歡嗎？」、「要不要帶這個去玩？」、「帶這個去的話，同學們會不會過來找我玩？」我很想幫幫孩子，讓他不要這麼渴求同學的注意。

孩子的真心話

媽媽老是叫我不要花那麼多力氣在同學身上，不然分一點心力給她也好。

唉，我是真的花很多力氣在同學身上沒錯，現在腦中也在想明天該帶什麼去學校玩，同學才會喜歡，明天的煩惱完之後，還要想後天的。

老師意見

只要是人，都有被認同的心理需求，所以孩子會渴望獲得同學的注意，也是很自然的事情。但是，如果程度太超過，就變成問題了。無論是利用物質（如金錢）來獲得關注，或為了受到關注而刻意去做一些行為，抑或花費過多的精力在獲取他人注意上，都是問題。

為什麼他們渴望獲得關注？答案是因為孤獨。這種現象經常出現在**沒有獲得充分關愛的孩子**身上，他們**想要藉由同學的關注，填滿孤獨的自我**。

這類孩子的自尊感通常較低，自尊高的孩子，不會在意自己是否受歡迎，就算獨自一人也會自由的去做想做的事。然而，自尊低的孩子即便有想做的事情，也害怕會落單，老是觀察其他人反應，不跟隨自己的真心。

像這樣的孩童，必須脫離需要他人關注的強迫意識，在家庭中，也要撫平孩子的孤獨感，努力提升他的自尊。

想讓孩子自己改正這部分的問題，最好的解方，其實是讓子女學會給予關注。有點諷刺吧？怎麼解決時時刻刻想受到關注的心理問題？解決辦法就是多多關注他人。

我們可以建議孩子多去稱讚同學，練習常用讚美給予關注，這麼一來，同學反倒會反過來希望獲得自己的關注，就像以前的自己一樣。這麼一來，不僅孩子成功受到關注、孤獨被撫平，而且因為他懂得主動去關心他人，自尊感也會跟著提升。

43 新學期第一天，怕交不到新朋友

父母的擔憂

我家孩子面對新學年、新學期時，心理上似乎都會感到負擔。從幾天前開始，就不時深呼吸，好像要去做什麼大事一樣。他可能是覺得開學的那一天將決定接下來的一切吧？就算我告訴他不要太有壓力，順其自然就好，他還是聽不進去。

孩子的真心話

和同學初次見面的場合真的很重要。因為曾經經歷過，所以我知道，要是一開始沒交到最要好的朋友，之後就打不進別人的小圈圈，一整年都會很孤單。每到開學前一天，我就覺得消化不良，不自覺的一直嘆氣。我也不想要有壓力，但就是做不到！要和同學一見面就相處融洽，真的好難，有沒有什麼交朋友的好方法？

老師意見

對父母親而言，這可能根本算不上是問題，但對孩子來說，卻可能等同世界末日。

這是很多父母經常犯的錯誤，在孩子碰到難處時，分享的建議太過簡化，最後還是讓孩子自己一個人煩惱、獨自掙扎。這樣的情況久了之後，家長的話語對子女的影響力也會減少，之後即使想幫忙，可能也幫不上。

我們要傾聽孩子的問題，深入同理他們的想法，別用爸媽的標準和思考方式去判斷，而是要和孩童聊聊，為什麼他會把這件事視為難題。

在新學期、新學年開始時，孩子們最常經歷這樣的心情：「不知道會跟誰同班？」、「不知道班導師人怎麼樣？」、「會有幾個我認識的同學呢？」這些全都是關於新事物的疑問，對於這些疑問感受到的不安程度，每個孩子都不一樣。請觀察看看自家孩子的不安程度是高還是低，如果對於新事物有極大的壓力，就更需要家長溫暖的照顧。當孩子內心充滿不安時，請在旁邊替他加油，告訴他「你做得到」，對他的情緒表示理解。

開學前一天，睡前可以和孩子一起想像明天將發生的事情，這時，請著重在於正面的事情上，例如：

「換上室內鞋，打開教室門進去。有一個很棒的班導師開心的跟我打招呼，然後，我走進充滿同學笑聲的教室裡。因為很開心，我也笑了起來。整理好書包後，坐在椅子上，跟隔壁還不熟的同學熱絡的聊天。到了放學時間，抄聯絡簿時甚至覺得捨不得回家，真希望明天趕快來。」

請讓孩子隨意、開心的想像，彷彿像真的發生一樣。如果孩子自己做不太到，父母可以在旁邊像唸劇本一樣生動的模擬，讓子女能體驗那種情緒、心情和心態。像這樣帶著好心情睡覺，孩子想像的事件就會輸入潛意識中。即便開學當天沒有照本來想像的劇本走，也會產生正面思考的力量，因為他已經預想過這些狀況了。

此外，也可以準備具體的方法，和孩子一起練習。有一種理論叫「不確定性降低理論」，指的是和陌生人相遇時出現的不確定性，可以透過交流降低。該理論表示，有五種會對交友過程造成影響的變數，若改變這些變數，有助於克服不確定性，幫助人際關係的發展。

接下來，我們就來了解，在該理論的背景之下，這五種影響交友關係的變數——語言表達、非語言表達、表現自己、相似性、好感度——能如何被調整（見下頁表4-1）。

最後，放學回家後，爸媽也要透過聊天給予回饋，問問孩子：「今天心情怎麼樣？」、「有沒有發生什麼事？」、「同學說的哪些話最讓你印象深刻？」

表 4-1 影響交友關係的 5 種變數

變數	示範
語言表達	簡單的招呼：和孩子練習，在打開教室的門之後，開心和同學打招呼，例如：「嗨，很開心見到你」、「嗨，第一次看到你。」、「○○，這次我們又同班了，好開心。」、「嗨，你叫什麼名字？」
非語言表達	非語言的親密感：練習在說話時看著對方的眼睛、保持微笑，增加他人對你的好感。
表現自己	先自我介紹：先分享關於自己的事，會讓自己變得更好親近。可以在開學前一天，先和小朋友一起練習說自己的名字、座號、去年的班級、感想和心情等，練習大方表現自己。
相似性	與他人的相似性越高，越能讓他人卸下心房：男生可以先去找男同學，女生則去找女同學，基於性別類似，較能夠快速變熟；又或者，如果有類似的喜好、可以一起分享的事物，也會讓交友關係迅速加溫。
好感度	穿著乾淨端正、不過於華麗的服裝：這是所謂的「初始效應」，代表第一印象會造成很大的影響；據說，決定一個人的第一印象只需要 3 秒，如果第一印象是負面的，之後想要扭轉，則需要再接收約 200 倍的正面資訊。 抱持自信、勇氣、充滿希望的態度：保持正面的心態，可以隱約讓對方提升好感。

44 為了維持友誼，選擇配合他人

父母的擔憂

我家孩子喜歡運用肢體的活動，像是在公園溜滑梯、玩鬼抓人、球類運動等，他真的很喜歡在外面玩。

但是今年開始，他都不去外面玩了，變成在朋友家看電視，或玩抓石子、摺紙之類的靜態活動。本來以為是不是升了一個年級，興趣改變了，後來才發現他是在配合朋友喜歡的活動。看他因為不想和同學變得疏遠而刻意配合對方的樣子，讓我好心疼。

孩子的真心話

以前，每到下課時間我都會去外面玩，我喜歡打球、玩鬼抓人，也會去公園玩，每種活動都很有趣。但是今年我就沒有機會去外面玩了，其實，我不怎麼想待在教室或家裡玩，但因為朋友們都比較喜歡待在室內，所以我只好一起。如果我叫大家一起去外面玩，他們就會叫我自己去就好。

老師意見

有時候，孩子會把朋友關係看得比什麼都還要重。一想到和朋友變得疏遠，就像是自己被留在一座孤島上一樣，非常可怕。

所以，我們必須先理解子女不惜做出自己不喜歡的行為，也要和朋友在一起的心情。如果爸媽只會說道理，孩子就不會想和父母訴說真心。與其忙著分辨是非，和孩子溝通、產生共鳴更重要。老是強調對錯的話，在孩子和壞朋友斷絕之前，親子關係可能會先斷絕。

因此，我們要先透過對話，聊聊為什麼孩子害怕和同學變得疏遠，還有為什麼我們會認為，他不應該逼自己去做不想做的事，讓他完全信任爸媽和他站在同一邊。

不僅限於此案例，任何領域的事情都不應該勉強自己配合。成天配合同學喜好被牽著走，最後都會後悔。所以，如果認為不想做的事情有正當理由，那麼，照自己決定的方向做也沒關係。

朋友之間不應該有這種不舒服的感受。如果他害怕和朋友變得疏遠，請多多鼓勵他，告訴他一定還有其他同學和自己的想法類似。

如果他對和朋友一起做的事情感到不舒服，就要勇敢斷絕，而這部分需要父母的鼓勵和打氣。

孩子們如果擁有自己的信念，勇於照自己的想法行動，就會創造出一股無形的力量，反倒吸引周圍的同學們過來。我們也能看到，有自己一套信念的孩子通常都是群體的中心人物。

在家中有發言權的小孩，在外面更有主見

因為年紀小，小朋友的行為標準尚未建立完成，他們不太會考慮對錯，通常會跟著大多數同學行動。如果這個孩子願意堅持己見，不願盲從，代表至少他有一套想做和不想做的標準。

想對自己的行為有信心，就必須堅信自己的行為是對的。請幫孩子灌注愛、勤勉、信賴、正直、希望、期望等價值觀，只要沒有偏離上述幾種價值觀，就是正大光明的行為，可以有自信一點也沒關係。

懂得用合理的標準分辨是非後，就能照自己的標準和價值觀勇敢下決定，他便不會再被同學牽著走，反倒是吸引同學的那個人。

請在家中塑造一個能夠以孩子的意思為主的環境。

父母對待子女時，是否過度高壓？家庭中是否掩蓋了孩子的聲音？在家裡，孩子是否習慣做自己想做的活動？如果連在家裡都無法隨心所欲的說話、行動，就要盡快做出改變。

一些簡單的改變方式包含：走路時不要由父母拉著孩子走，讓孩子走在前面，牽著父母的手；讓孩子練習說出「為什麼」，除了說明為什麼想做某件事之外，最好也能同時練習說明為什麼不想。

45 我不喜歡小孩的朋友

父母的擔憂

我家孩子有一群好朋友，因為剛好都住在同一棟公寓裡，所以經常一起見面玩耍，上、下學也一起。但老實說，我希望他不要跟那群朋友一起玩，覺得跟他們在一起對孩子不好。不過，我無法直接跟他說「你不要跟他們玩了」，所以我在想，要不要乾脆申請課後輔導活動，或是早餐晚一點準備，讓他們的上、下學時間錯開。

孩子的真心話

媽媽不喜歡我的朋友，可是我覺得上學有了他們，變得很開心。家裡住得近，補習班也一樣，多好啊！隨時隨地都見得到。雖然媽媽沒有明講，但我知道，她希望我不要老是跟他們混在一起。一開始我沒想那麼多，但時間一久，我也開始煩惱是不是應該放棄跟他們當朋友。

老師意見

「我媽叫我不要跟〇〇一起玩。」

這是我擔任二年級班導的時候發生的事。本來是好朋友的兩個學生，某天開始各玩各的，互不理睬。我問了原因後，便得到上述回答。在擔任五年級班導的時候，我也曾聽過類似的話，一個女同學不跟平常要好的那群同學在一起，跑去跟別的同學們玩，本來擔心她是不是被排擠了，她卻說：「我媽叫我不要跟他們一起玩。」

不是只有極少數父母才會這樣做，其實很多家長可能只是沒說出口，內心仍希望孩子可以交別的朋友。

為什麼會不喜歡孩子的小圈圈或他的朋友呢？是因為他們不會念書？家庭氛圍不好？子女從好友那裡學了一些不好的言行舉止？希望子女可以跟更優秀的同學相處，多學一點？怕疏忽課業？還是因為孩子和好友的氣質不同？

父母對孩子的交友圈抱持負面看法，一定有幾種原因，而那些原因是否合理，只有父母自己清楚。不過，我們仍該好好想想，自己為什麼會抱持負面看法，並捫心自問：究竟是為了孩子好，還是為了父母自己好？

家長可能得出的原因，包括以下幾種：對孩子成長沒有幫助、妨礙念書、希望孩子可以跟水準更高的同學相處、希望他可以向別的同學多多看齊、不喜歡同學的爸媽……。

除了為孩子著想之外，這些原因中也隱含著父母的貪心。但是，這不代表我們必須立刻插手，有時候，稍微等候孩子也沒關係。

孩子現在要好的朋友，都是他自己選擇的友誼。子女想的可能跟父母不一樣，他可能覺得同學相處的時間很多，友情比課業更重要；也可能認為，比起值得學習的朋友，他更喜歡和可以分享很多事情、和自己氣味相投的朋友。在父母看來，也許孩子的選擇不是最好的，但還是要讓孩子掌握人生的主導權。

而且，孩子的交友圈會改變，即便現在感情深厚，再升一個年級或升上國中後，他們的距離也會變遠，自然不再那麼要好。小朋友都會自然而然的改變交友圈，所以，我仍建議家長相信孩子的選擇，耐心等待。

不過，有時候，子女會和一些不應該接近的朋友變好，比如言行舉止都很暴力、傷害他人內心，或是會偷東西的同學。但是，即使遇到這類情況，也要讓孩子掌握主導權。請讓子女親自表明：「我現在不跟你一起玩了。」、「你們自己玩吧。」

父母擔任的角色很簡單，除了幫助子女練習勇敢表達之外，盡量讓孩子不要和壞朋友碰面，並安排能夠交到新朋友的機會，這樣就好。

CHAPTER 5

家長不能代替孩子做的事

46 幫助子女交到「好的朋友」

父母的擔憂

現在孩子已經會自己換衣服、揹書包上學了，真令人欣慰。慢慢的，朋友就會變成他的生活重心吧？有沒有什麼父母可以協助，讓孩子交到「好的朋友」的祕訣？

孩子的真心話

小時候媽媽就經常說，要交「好的朋友」。現在我也有不少的朋友了，但不知道怎樣的人才算是好的朋友？

老師意見

低年級的孩子交朋友的方式，很受「方便性」影響。他們會和距離近、經常一起玩、經常見面的同學比較親近，覺得那些人就是好朋友。

年級越升越高後，才會逐漸產生自己的標準和框架，決定什麼樣的人叫做好朋友，這時候孩童要好的同學，通常不一定是「好的」朋友，而是「看起來好」的朋友。

也就是說，主要結交的是喜歡的事物，如藝人、貼紙、卡通人物、外表等，和自己相似的同學。因為他們還位於正在塑造標準的過程中，所以父母的建議會有很大的幫助。

首先，我們可以看看外在標準。

第一，笑口常開、平常表情都很開朗的同學。這類型的孩子通常看待事物都會帶著正面態度，即使碰到困難，也經常能夠用正面心態去解決。這個特點很值得學習，更重要的是，跟這樣的人在一起心情會變好。科學上有證據顯示，當對方笑的時候，自己的臉部肌肉也會自然跟著笑起來。

第二，衣著端正、乾淨的同學。這可以看出對方父母在某種程度上有花心思照顧，表示他是在父母親的關愛之下成長的。

第三，不偏食，什麼都吃。從這點可以看出，這個朋友的個性應該不吹毛求疵、處事圓融。什麼都吃的孩子通常身體健康，而身體健康的小朋友，心靈也會健康。

朋友不必健談，能暢聊十分鐘就好

接下來也要看看內在部分。

第一，懂得看著你的眼睛傾聽的朋友。這類型的人懂得尊重對方，而且在聆聽時，會看著說話者的眼睛，表示他對話題是有興趣的。

第二，可以開心又自在聊天十分鐘（下課休息時間）以上的朋友。下課時間通常為十分鐘，說短不短、說長不長。如果在這段時間內可以和朋友開心又自在的聊天，就表示有興趣的事物相同，雙方很聊得來。

第三，行動時，會考慮到對方狀況的朋友。這表示他已經具有換位思考的能力。如果他會安慰、鼓勵朋友，替朋友加油打氣、替人著想，那他真的是很棒的朋友。

當然，教孩子上述標準，不代表就要用固定的標準去衡量，但若能找時間和子女一起思考究竟什麼是好的朋友，對孩子的認知肯定有助益。

物以類聚，指的是人會和相似的人聚在一起。如果自己本身就是一個好的朋友，那自然會遇見其他優秀的人。我

表 5-1　「好的朋友」的標準

外在標準	內在標準
1. 愛笑，且平常表情開朗的朋友。 2. 衣著端正乾淨的朋友。 3. 不挑食的朋友。	1. 懂得看著你的眼睛、認真傾聽的朋友。 2. 可以開心又自在聊天 10 分鐘（下課休息時間）的朋友。 3. 行動時，會考慮到對方狀況的朋友。

們可以跟孩子說明「鏡像效應」，也就是人會下意識的模仿有好感的人的言語或動作，就像照鏡子一樣。這就是為什麼如果我笑了，朋友也會笑，而看著朋友笑的我，也會跟著笑開懷。

總的來說，**想結交溫柔、愛笑又優秀的朋友，最簡單的方式就是自己先成為那樣的人。**平常家長也要照著這樣的標準，示範給孩子看，當孩子隨時隨地都接受這樣的教養風氣時，就會套用在交友關係上，自然而然的交到好的朋友。

47 親自教訓欺負我家小孩的人

父母的擔憂

有一個同學一直開我家孩子的玩笑，不斷捉弄他。如果只是一、兩次就算了，可能因為我家孩子個性溫馴乖巧，不會回嘴，同學變得更愛欺負他了。有一次孩子出門，我在陽臺上跟他揮手說再見，結果剛好看到那個同學又去弄他。忍到現在，一肚子火快爆發了，我想去訓他一頓，甚至想跟他父母親理論。

孩子的真心話

我們班上有個同學讓我有點煩惱，他老是做我不喜歡的事情、欺負我。我不想跟爸媽說這種事，但是偶然被他們發現了，所以，爸媽說要去跟他父母理論。我覺得有點害怕，但是爸媽說要替我解決，還是有點開心。

老師意見

遇到這種情況時，請先等一等，停下來，聽聽當事人的說法。

以前，有一個媽媽去找捉弄自己兒子的同學，賞了對方耳光。但驚人的是，那個小孩還只是念幼兒園的小朋友。身為成人的媽媽，因為同學捉弄自己兒子，就去打了幼兒園小朋友，聽到這件事我十分震驚。據說，被捉弄的兒子也被媽媽的舉動嚇得驚慌失措。

就算孩子長大了，這種事還是可能發生。以前新聞上就報導過，有上班族的父母跑去公司，對著讓兒子不好受的同事大聲嚷嚷。

我理解這種心情，想要代替孩子懲罰那個讓他不好受的同學，想好好斥責對方，讓他以後不要再做那種舉動，這是天下父母心。

但是，這時，請等一等，想想看你要採取的行動究竟是洩憤，還是真正為孩子著想的舉動。如果是前者，那對子女來說並不是有益的行為。

父母一旦介入孩子之間的問題，那就變成了父母之間的問題，等於搶走孩子自己解決衝突的經驗。其實，**衝突才是磨練關係的最佳機會**。最理想的情況，是由孩童來解決他們遇到的問題。

有時候，父母得知孩子出現問題，不是親口得知，而是藉由其他管道。孩子不跟父母說他碰到的困難，可能有幾種原因，或許是認為父母沒有能力解決、不想把自己的困難轉嫁到父母身上，也可能是只想讓家人看到自己過得好的一面。無論如何，父母貿然介入，都可能會造成不太理想的結果。

首先，請創造一個環境，讓孩子可以自己把事情說出來，並提出具體上需要什麼樣的幫助，不斷嘗試和孩子對話。

「我們會盡力幫助你解決問題。」

「每次你把遇到的困難告訴媽媽，我就感覺得到你很信任我，我很開心。」

「一家人就是要共享喜怒哀樂，這樣開心的事情才會變成雙倍，不開心的事情也能減半。」

家長可以多講像這樣的句子，但記得，**不要強迫孩子說出他遇到的問題**。我們能做的，**是塑造出可以說真心話的環境，但選擇權還是掌握在孩子手中**。如果能聽孩子親口說出，他碰到了困難，我們要感到慶幸。這代表孩子希望獲得家人的幫助，而且願意依靠父母，針對這點，請先表示感謝：

「這種事很難開口，謝謝你告訴我。」

「真的謝謝你相信爸爸媽媽，願意說出口。」

父母不能比孩子還更激動，表現出過於激烈的情緒，因為這樣的反應會讓孩子更加不安，心裡更不好過。這時，我們要同理他，冷靜下來，好好解讀孩子的心，並保持中立的態度，而不是立刻擺出「爸媽要親自出面幫你解決」的模樣。

站在父母立場，解決問題很重要，但站在孩子立場，有人願意站在我這邊才是更重要的事情。

當然，如果牽扯到暴力、排擠、勒索等問題，請立刻向班導師等相關單位請求協助。若事態沒有那麼嚴重，請把那份想出面解決的心情，用孩子可以做到的行動去教他。舉例來說，如果你們想要去罵那個同學，可以教孩子怎麼跟那個同學勇敢說清楚。

如果孩子能持續感受到，父母是他可靠的後盾，而且能夠給他建議的話，孩子就會產生面對問題時要勇敢解決的力量。所以，與其由家長介入，不如一起想想辦法解決，給子女自己處理的機會。

48 一定要參加家長聚會嗎？

父母的擔憂

三月開學時，班上的媽媽邀我進群組聊天室。一開始只是簡單的打招呼和自我介紹，開學後還有簡單的交流部分資訊。

最近，有人邀約大家一起吃頓飯、喝飲料聊聊天。那些是家庭主婦的媽媽們，其實彼此間早就吃過飯、一起出去玩過了，但因為我是職業婦女，平常沒辦法參加，總覺得有點疏離，卻又怕不去就無法得知對孩子有益的資訊……我是不是應該多參加這種家長聚會？

孩子的真心話

我想選班級幹部，如果可以的話，甚至想選全校幹部。但是令我煩惱的是，因為我爸媽很忙，很難顧到班上或學校的事情。雖然班導師跟我說沒有關係，但我還是很在意，其他同學都在擔心選不選得上，但我還在想到底要不要參選。

老師意見

身為小學老師，我想告訴家長們，你完全不需要覺得有壓力，也沒必要勉強自己參加。**拿孩子當作媒介而聚在一起的大人，他們的關係也容易因為孩子而被打破**。即便在班級聚會中處得不錯，只要孩子之間發生問題，大部分家長的關係也會產生芥蒂；而且，孩子每年都會升班，換到不同班以後，大部分家長也會自然變得疏遠。

身為職業婦女，好不容易請個一天、半天假，去班級聚會坐個一、兩個小時再回家，一定很累、很有壓力吧？公司的事情就夠煩人了，在班級家長聚會中聽到的對話，也可能造成更多負面刺激，參加聚會回家之後，反而把孩子逼得更緊，忍不住去比較。當然，聚會中也可能會交流好的資訊，但不一定要勉強自己參加。

至於會去參加家長聚會的父母，在維持關係時也別忘了，因為你們的中間夾著孩子，所以日後還是可能因為孩子，而導致關係破裂。

通常，父母勉強自己參加的原因，都是擔心不去會害到子女。我問了一些子女已經長大成人的家長和其他共事的老師，他們都說不會有壞處。請別擔心，沒有什麼特別資訊，是一定要特地去家長聚會才能知道的。

如果你還是擔心，那可以偶爾對經常上傳資訊的班級代表媽媽表達謝意，這樣就差不多了。現在，其實也不太會票選班級代表媽媽，更何況，又不是全校學生代表的父母就要當全校家長會的會長，而是由對學校事務有興趣，並且自願參與的家長中選出來，因此，不需要為此太過擔心。

我會建議，**與其煩惱要不要參與家長之間的聚會，不如參與教學參觀活動**

（班級、課後輔導活動）。如此寶貴的特休，不應該用在其他孩子的父母身上，而要用在參觀自己孩子上課。**幾乎沒有子女會因為父母不參加家長聚會而感到失落，但是很多孩子會因為爸媽不參加教學參觀活動而感到落寞。**

如果時間上沒有問題，我也推薦你參與導師面談時間！通常，一年會有兩次親師面談，這是可以親自聽到孩子的校園生活、交友關係及學業態度的好機會，也是和老師分享自己孩子相關事情的時間。

如果還有更多時間，我也建議你去看看學校的表演活動，畢竟小朋友花那麼多心力準備，心裡都很希望爸媽能夠看到。

49 何時該插手，何時該放手

父母的擔憂

老二和老大不一樣，個性優柔寡斷，說話也不是很精明，所以在人際關係上常常碰到困難。就算不特別花什麼心思在老大身上，他還是過得好好的，不僅跟同學們相處融洽，還當了班長。本來以為老二也會像那樣，結果卻處處需要父母勞心勞力。不知道孩子的交友關係，父母該介入到什麼程度？

孩子的真心話

我媽動不動就說：「要不要媽媽去學校跟老師說？」我不過是跟她分享同學

之間發生的事情罷了，她就一副發生了什麼大事一樣。當然，我知道她是在為我著想，想要幫我，但我覺得她擔心過頭了。

老師意見

我們可以觀察看看，子女的社交能力有多好。有些孩子在交友方面的能力值已經很高了，但是，也有些孩子在這方面尚嫌不足。爸媽可以仔細觀察看看，孩子究竟有多少能力。

雖然子女不會一直是小孩子，但他們也還不是大人，通常，很多獨生子女或老么，在家裡會一直被當成小孩子對待；相反的，很多排行老大或體型較壯碩的孩童，則會被當成大人看待。

撇除外在條件或外表，我們要從孩子解決問題的方式、行事風格、締結人際關係的內在力量來觀察。如果是有能力的孩子，我們只要給予自信心，告訴他「你絕對做得到」就好；如果是仍需要培養的孩子，則可以問他：「你希望媽媽

表 5-2　根據孩子的社交能力強弱，特徵也會不同

能力不足	能力強
・優柔寡斷。 ・不太能把自己的想法好好傳達給對方。 ・以自我為中心，只考慮到自己。 ・容易因對方言行受傷。 ・比起「我們」，更重視自己。	・擁有判斷能力、下決定的能力。 ・可以好好表達自己的想法，並轉達給對方。 ・考慮到自己的同時，也能考慮他人。 ・可以聽到對方言行背後的內在心聲。 ・比起自己，更重視團體。

怎麼樣幫你？」

孩子終究會培養出結交人際關係的力量，只是時間早晚的問題。無論目前子女狀況如何，我們能做的就是等待。

獨立自主的孩子不喜歡被父母介入，如果什麼都要指點，不斷說：「遇到這種情況，就這樣跟同學說。」孩子會認為爸媽不相信他，或是太低估他的能力。這時，父母的介入，等同奪走了孩子成長的機會。

即便孩子明顯仍需要爸媽

的協助，等待還是很重要。衝突、爭執、問題，都是小朋友成長的養分。雖然中間會遇到困難，會疲憊、感到混亂，孩子的身心也可能受傷，但這些東西都是學習過程的一部分。

一棵樹要成長茁壯，不只需要溫暖的陽光，還需要強風吹拂。總是像溫室裡的花朵一般被呵護，出社會後，可能會很難在殘酷世界中生存。

我們要給他們建議，指點方向，但要盡量減少介入；與其抓魚給孩子吃，不如教他如何釣魚。

幫助子女前，務必先取得他的同意

包含交友關係在內，請尊重孩子的決定，並替他加油。

倘若父母認為這個問題很難由子女自己解決，就會介入處理，但這時，孩子會認為爸媽根本不在乎他的意見。因此，**家長在插手之前，請把孩子的心情和狀態放在第一優先**。比起碰到問題時，情緒立刻變得激動，我們應該先尊重當事人，也就是孩子本人。

很多父母只提出解決方法，卻忘記要聆聽小朋友的意見。好好詢問他，究竟是什麼狀況、他有什麼想法、心情怎麼樣，還有希望父母怎麼樣幫他。此外，出手幫忙前要先取得孩童的同意，這麼做的話，擁有決定權的孩子，會認為他受到尊重。

認為自己受到尊重的孩子，會對自己的決定產生信心，只要勇敢說出口、付諸實行，大多問題都能被解決，也能從解決問題的過程學習到一些東西。

50 孩子交友出問題，一定是我的錯

父母的擔憂

孩子和朋友之間出現問題，但他好像不太會處理，總是驚慌失措。都已經高年級了，人際關係還是很生疏。可能是我沒有好好教導他才會這樣。我總是會想，要是趁年紀還小的時候就好好教他，現在就不會是這個樣子了，所以我常常跟孩子說對不起。

韓國有句俗諺說：「最需要栽培的作物就是孩子。」我可能從一開始栽培方式就錯了。

孩子的真心話

媽媽覺得自己不夠盡責，讓我很難過。對我來說，媽媽是最棒的，我希望她不要那麼內疚，這會讓我心疼。

而且，她老是說對不起，也讓我心裡很有負擔。

老師意見

的確，父母對孩子的影響甚大，但並不是所有東西都百分之百是受家長影響。孩子的成長過程中，除了父母，還會經歷許多不同互動。

從幼兒園、國小、國中、高中的不同班級，到課後活動、補習班、社團、鄰里朋友、異性朋友、班導師、補習班老師、鄰居等，他們會遇見無數的人，形成自己專屬的數據，而這些數據將累積成大數據，創造出一套演算法。

在這段過程中，孩子會用自己的經驗去補足父母親沒有給予的部分，然後成長。可能對孩童造成影響的事件多如繁星，不該由爸媽承擔一切。

家長會覺得內疚，可能是因為過去曾有過一些事情。你可以和孩子認真談談自己在意的部分，必要時就乾脆的向孩子道歉，然後把它拋諸腦後，千萬不要自責過了頭。如果一直累積罪惡感，置之不理，就會不時想起來，然後不經意的表現出來，就像陷入流沙之中、無法自拔。有時候，那些罪惡感根本是空穴來風，都是自己幻想出來的。

自己覺得內疚的特定事件或特定回憶，可以拿出來和孩子好好聊一聊，並學會慢慢放下。和小朋友溝通過後，通常會得出兩種結論：「原來孩子根本沒有覺得怎麼樣，只有我還被那件事困住。」以及「原來孩子也這麼想啊！還好我說出來了。」

這兩種結論都能幫助我們放下心中的包袱，對父母和孩子都很有幫助。現在，就安排適當的時間和場合，和小朋友一起去咖啡廳，面對面坐下來暢談吧！

要記住，想要讓孩子開心，父母必須先露出笑容，父母先幸福了，孩子才能幸福。

自責的話語，不要對著孩子說

我會建議父母，不要把自責的話說出口。當然，該道歉還是要道歉，但**孩子分得出來，真心覺得抱歉和因自責而道歉是不一樣的**。前者的焦點是孩子，後者的焦點則是父母本人，為了安撫自己而做出的自責性道歉，沒有太大的意義。

父母如果一直和孩子說「對不起，都是我的錯」，這時，孩子的反應很奇特。一開始，他們會想想，爸媽究竟在對不起什麼，也會安慰父母。然而，當這類的表達方式反覆出現，演變成習慣性的言行舉止時，孩子對待父母的態度，就不再像孩子了，可能會變成以下情況：

1. 認為父母比我還柔弱

本來應該是由父母保護孩子，現在情況卻相反了，柔弱的孩子會認為他要保護父母，產生過於沉重、小朋友不該背負的責任感，導致他們太早脫離「像個孩子」的世界，開始像大人一樣思考，變成小大人。

2. 學會利用爸媽的罪惡感

有些小朋友會利用爸媽的歉意，認為那就應該對我更好，要求特別待遇；爸媽給了特別待遇之後，還會裝得只能無可奈何的接受，但其實，他們心中還是沒有滿足，會繼續用罪惡感勒索家人。

3. 覺得家長別有企圖

因為覺得家長另有居心，所以無法將爸媽的話聽進去。通常，這類孩子聽到別人稱讚他，也沒辦法真心接受，會裝得很謙虛，或做出虛偽的反應。

此外，身為父母，如果還在認為都是自己做不好，孩子才會出現問題，我也推薦你參加提升自尊心的父母成長課程。如此一來，才能讓孩子和父母的人生各自獨立。

有一種理論叫「刺蝟困境」，刺蝟如果彼此靠得太近，會刺傷彼此，但如果隔得太遠，冬天又會冷到睡不著，比喻彼此間需要維持適當距離。別想把孩子的所有問題都扛下來，那會害彼此之間的距離靠得太近，導致兩敗俱傷。

總的來說，父母只要保持適當距離，在一旁等待就好，因為父母也要過自己的人生。

51 他的好朋友，我怎麼看都不順眼

父母的擔憂

原本還以為孩子永遠都會待在爸媽的懷抱中，但不知不覺間，他也長大了。看朋友在他的生活中占了那麼大的比重，感觸很深。

他和朋友一起去做了友誼手鍊、寫祕密日記，週末也更喜歡去找朋友談天說地，而不是和家人一起去旅行。

雖然看他長大了這麼多，感到很欣慰，但也不禁擔心，希望他能交好的朋友，看他現在喜歡的朋友，我總覺得看不太順眼，跟我原本想的不太一樣，該怎麼做比較好？

孩子的真心話

如果有人問我上學開不開心，我都會毫不猶豫的回答「嗯！」。因為有朋友在，做什麼都好玩，學校裡要是沒有朋友，上學一定很無趣。社區附近有很多間補習班，我最想去的就是朋友去的那間，既然都要補習，如果跟朋友一起的話，念起書來也比較有趣。

老師意見

究竟什麼樣的朋友才是好的朋友？我想每個人的答案都不同，可能是願意陪伴自己、有義氣、懂得傾聽、愛笑、一起共度歡笑和淚水，或是樂於幫助自己的朋友，每個人的定義不同。和孩子一同聊聊，究竟什麼是好的朋友吧！

聽孩子分享他對好友的想法，我們可以得知孩子的個性或期望。如果他認為，說話溫柔的朋友是好的朋友，表示他現在很渴望獲得他人的溫柔，或是他的個性更適合和溫柔的人相處。假如希望朋友花時間陪伴自己，代表孩童渴望自己周圍一直有人陪伴。

和孩子聊一聊，考慮他的立場和狀況，試著站在他的角度，協助他交到好的朋友。簡單來說，結交好的朋友，是孩子該做的事，父母只要退後一步，替他加油就好了。

在一旁靜靜看著小朋友因人際關係而跌跌撞撞，心裡肯定很痛苦，家長也可能擔心他誤入歧途。然而，所有試煉和過程，都是對孩子成長有益的道路，就像旅行時不可能每天都陽光普照，有時太陽炙熱、有時強風襲來、有時傾盆大雨，但在旅程結束後，所有事情都將變成回憶，那時候再回頭看，一切都很美好、很值得。

所以，我們必須相信子女，不要戴著有色眼鏡，只要在需要時給予建議就好。如果他帶朋友來家裡玩，就準備點心給他們，也可以視情況和朋友的家人一同出遊。在這段過程中，爸媽要明白的是，我們是協助主角的配角，**人際關係的鑰匙掌握在孩子手上，請不要代替小朋友去做他該做的事。**

此外，親子間的健全關係，會成為孩子結交好朋友的養分。如果我們能成為孩子的好朋友，無論他和朋友之間發生了什麼難過的事，像是成績變差、開始煩惱外表、有了暗戀對象、對身體的變化感到陌生等，都會願意輕鬆和父母開口聊聊。

只要家長到成為子女在家庭中的好朋友，孩子到外頭肯定也能結交到很多好友，因為他和父母之間的關係，會成為他的交友標準，一路延伸到出社會之後，結交人際關係時亦適用。

52 我一定要成為更優秀的爸媽

父母的擔憂

我想成為孩子的好父母，孩子課業、個性、品德、人際關係等，好像所有方面都和父母的教育方式有關，所以我更想成為優秀的爸媽。每天我都用盡全力，但是我所認識的好父母，僅限於我自己的經驗，不知道老師看過這麼多父母和孩子，意見如何？

孩子的真心話

我爸媽已經很優秀了！當然，我也不是對每件事都滿意。以前我去同學家玩，本來只想玩得開心就好，但現在會不自覺的比較同學家和我們家的東西，不知道是不是因為這樣，也默默比較起同學爸媽和我的爸媽。

老師意見

身為教師，我看過非常多不同父母，以下分享四種我心中的好父母：

1. 受孩子尊敬的模範榜樣

如果問孩子們他們最想從爸媽那得到什麼，你覺得孩子會怎麼回答呢？是零用錢嗎？還是禮物？一起相處的時間？其實，第一名的答案是「愛」。

相反的，這次來問問看爸媽最想從子女那兒得到什麼，第一名的答案，是「尊敬」。的確，聽到孩子親口說出「我真的很尊敬我爸媽，因為……」這樣的句子，還有什麼比這更令人開心又感動？

孩子第一個見到的其他生命體就是父母。出生以後，不僅會一起度過每天二十四小時，整體成長過程中，共度最多時間的人也是父母。孩子將父母視同自己，會模仿父母的一舉一動，連內在和想法也會相像。

成為孩子人生中的行為典範吧！因為孩子會看著父母所有面向，跟著那些特徵成長。

2. 同理孩子的父母

有一次，班上有兩個孩子發生爭執。因為兩個同學都非常生氣，氣憤的心情還壓不下來，別說了解來龍去脈了，我根本不知道該怎麼處理。

不過，我必須了解究竟發生了什麼事，才能知道爭執是怎麼開始的、是誰的錯、誰要向誰道歉，身為教師，這真的很棘手的問題。

當下，我想到了一句話：「孩子們想要的不是解決問題，是同理。」於是，我把兩個孩子分開來，分別談話，不提剛剛發生的問題，只是詢問孩子的情緒，安慰他們。

我不問「剛剛發生什麼事？」，而是問「為什麼你會覺得這麼生氣、這麼委屈？」，其實這兩個是一樣的問題，都讓孩子不得不開口，說出剛剛發生的事情，但後者**把提問的重點放在情緒上**。

然後，我繼續安撫他們的情緒，說「如果是我，一定也覺得很委屈」、「所以你有這樣的情緒也很正常」。

等他們的心情穩定下來後，兩個孩子的問題就好解決了。有時候，不一定要老師從中介入，事情也會迎刃而解，**小朋友生氣的情緒只要獲得他人的同理，自然可以自己客觀看待問題**。

在家裡也一樣，孩子很渴望其他人可以站在自己這邊，受到理解、接納。簡單來說，孩子遇到問題時，父母最該做的就是給予同感。不過，這也是有技巧的，我們可以使用像鏡子般重複孩子語尾或重點的「鏡射技巧」，或多使用「原來啊！」的說話方式，來解析孩子的心情。

小朋友本來就很希望獲得他人的同理，而同理他們的人若是父母，那份感動自然不在話下。

3. 給予自主決定權的父母

所謂的直升機父母，指的是老是像直升機一般盤旋在子女周圍、過度保護的家長。

比方說，從小就干涉學校作業、人際關係、成績、入學考試，長大之後還要替孩子打聽未來志向、就業、另一半等。在一篇新聞報導中，還有媽媽親自找上門去公司，找欺負孩子的主管理論，實在令人哭笑不得。

為什麼父母要管這麼多？大概就是擔心吧！擔心什麼呢？擔心孩子做不出好決定。那麼，如果父母不該介入的話，那應該培養孩子的什麼？那就是自主決定權，從小就要開始培養孩子能夠自己思考、做出判斷的自主決定權。

如果孩子自己下不了決定，就要引導孩子，讓他具備下決定的能力。可以從小事開始，比如決定晚餐吃什麼時，可以問他「我們晚餐吃什麼好？」，讓孩童能自己選擇。如果就連這種決定都有困難，可以先給他選項，像是「吃泡菜鍋好？還是吃蒸蛋好？」。讓孩子從小事做起，慢慢具備自我意識，成為自己人生的主角。

4. 願意等待孩子的父母

碰到任何和孩子相關的事情，都需要具備願意等待的心態。無論是事情發生前、途中、發生後，所有過程都需要耐心。你可能會覺得很急，但父母不可能永遠為孩子抓魚，而應該教孩子如何釣魚，給他學習的機會。不過，等待孩子和放任孩子不同，我們仍應時刻準備好協助他，平時則後退一步，在一旁替他加油。

如果你已經在煩惱該如何做一個好父母，那你大概已經是一名好父母了，孩子一定也會這麼覺得。爸媽的真心，總有一天一定會感動孩子。你會選擇閱讀這本書，肯定也是出自於想要幫助子女的心意，我期望天下父母的思慮和努力最終都能開花結果，不僅成為好的父母，還能成為受子女尊敬的優秀榜樣。

後記

父母對孩子，要帶領、也要放手

在人際關係上遇到困難的孩子，在校園內的表情通常都不太開朗，師生間的距離也會逐漸疏遠。因為上學不開心，學校活動和帶活動的老師自然也不會受他們歡迎。每當看到這樣的孩子，我就會想到，他們內心的痛苦肯定很難一下子解決，不禁覺得心情鬱悶，也很心疼。

在寫稿的過程中，我的心情一直不太好。如果今天寫的是和孩子們之間的開心故事，一定會一邊寫，一邊露出笑容，甚至笑出聲；但是，這是一本完全相反的書，寫著這五十二個問題的解答，而每一道問題都讓我想起和那些案例有關的孩子們。

我彷彿置身於這些小朋友經歷過、或正在經歷的狀況之中，煩惱著老師和父母應該怎麼樣看待孩子的狀況、可以給予什麼幫助，也想到許多當初沒能給予適當協助的情況，不禁心想：如果能夠再回到那時候，身為教師的我會怎麼做？對於有煩惱的家長，我又該跟他們說些什麼呢？著筆時，不斷陷入苦思，想起那些孩子，讓我既心疼又抱歉。

孩子們的交友關係，牽涉到很深層的心理問題，因為對這個時期的孩童而言，朋友就是他們的一切，占據生活相當大的比例，他們會輕易被朋友左右情緒和想法。深受朋友影響的現象，隨著年紀增長，自然就會變淡，因為我們會慢慢學到，應該集中心力在自己該做的事情上，朋友不過是人生的一部分而已。

但是，那個時期的孩子不會這樣想，也不該有如此成熟的想法。他們需要跌跌撞撞的度過這段日子，雖然可能很痛、很苦，但這也是最美麗、最單純的時候。人人都會經歷這個時期，過了之後，就會變得更加強壯。

不過，不能因為這是人人都會經歷的時期，就視為理所當然、撒手不管。孩子需要父母伸出援手，讓他可以戰勝一切。越是這種時期，父母的角色就越重要。孩子的交友關係和親子關係一脈相通，親子間的溝通方式，會成為他們和他人溝通時的框架，他們也會從自己和父母之間的衝突，或父母讓他們看到的解決衝突的方式，來面對校園中的不合。

因此，比起老師在學校教給孩子的，家長在家中教育孩子的分量重上許多。為了給這樣的父母一點幫助，我在前面各種煩惱諮商中，寫下多種解答，但**每篇解答的共同之處，就是愛護及關心**。以愛護和關心作為前提，才有解決之道，這是身為大人的父母和老師都能夠輕鬆做到、也必須做到的先決條件。

以波斯詩人魯米（Rumi）的〈來春之庭院吧！〉（*Come to the Orchard in Spring*）一詩改寫：如果沒有愛護和關心，這些答案有什麼意義？如果有了愛護和關心，這些答案又有什麼意義？（按：原詩為「倘若你不來／這些東西又有什麼意義／倘若你來了／這些東西又有什麼意義」。）

馬拉松有配速員，就如同字面上意義，是分配速度的人。他們的目的並不是跑完全程，而是成為選手的標準和目標，是協助選手的角色。他們讓選手能夠締造佳績，引領他們繼續完成競賽。我想，在名為孩子交友關係的馬拉松中，父母扮演的應該就是這個角色了吧？

雖然無法親自解決所有問題，但能夠幫助孩子好好戰勝障礙，把孩子該做的事留給他做，在旁邊靜靜等待，我想，這和引領選手到三十公里里程後退出的配速員非常類似。

當孩子的配速員吧！成為配速員，代表當他跑得氣喘吁吁時，陪他一起氣喘吁吁；當他精疲力盡時，陪他一起精疲力盡。一起流汗、一起經歷辛苦時光，但是衝到終點時的喜悅，也一同享受。

因為是父母，你心中的喜悅可能更大。用愛護和關心帶領運動員的配速員們，我希望這本書寫的建議，能夠成為你們的運動鞋或運動機能服飾，作為有用的附加工具，在這段路程中幫助到你們。

國家圖書館出版品預行編目（CIP）資料

爸媽不苦惱的孩子交友問題：邊緣人、被帶壞、遭排擠、太被動……小學老師現場直擊，孩子不告訴你的人際困擾，家長該介入多少？／柳潤煥著；郭佳樺譯. -- 初版. -- 臺北市：任性出版有限公司，2023.07
320 面；14.8×21 公分. --（issue；053）
譯自：초등 내 아이, 친구관계 고민상담소
ISBN 978-626-7182-29-1（平裝）

1. CST：親職教育　2. CST：子女教育　3. CST：人際關係

528.2　　111015560

issue 053

爸媽不苦惱的孩子交友問題

邊緣人、被帶壞、遭排擠、太被動……小學老師現場直擊，孩子不告訴你的人際困擾，家長該介入多少？

作　　者／柳潤煥
譯　　者／郭佳樺
責任編輯／李芊芊
校對編輯／林盈廷
美術編輯／林彥君
副總編輯／顏惠君
總 編 輯／吳依瑋
發 行 人／徐仲秋
會計助理／李秀娟
會　　計／許鳳雪
版權主任／劉宗德
版權經理／郝麗珍
行銷企劃／徐千晴
行銷業務／李秀蕙
業務專員／馬絮盈、留婉茹
業務經理／林裕安
總 經 理／陳絜吾

出 版 者／任性出版有限公司
營運統籌／大是文化有限公司
臺北市 100 衡陽路 7 號 8 樓
編輯部電話：（02）23757911
購書相關資訊請洽：（02）23757911 分機 122
24小時讀者服務傳真：（02）23756999
讀者服務 E-mail：dscsms28@gmail.com
郵政劃撥帳號：19983366　戶名：大是文化有限公司

法律顧問／永然聯合法律事務所
香港發行／豐達出版發行有限公司 Rich Publishing & Distribution Ltd
地址：香港柴灣永泰道 70 號柴灣工業城第 2 期 1805 室
Unit 1805, Ph. 2, Chai Wan Ind City, 70 Wing Tai Rd, Chai Wan, Hong Kong
電話：21726513　傳真：21724355
E-mail：cary@subseasy.com.hk

封面設計／卷里工作室@gery.rabbit.studio
內頁排版／顏麟驊
印　　刷／鴻霖印刷傳媒股份有限公司

出版日期／2023 年 7 月初版
定　　價／新臺幣 390 元（缺頁或裝訂錯誤的書，請寄回更換）
I S B N／978-626-7182-29-1
電子書ISBN／9786267182321（PDF）
9786267182338（EPUB）